Gerd und Kirsten Schnack

Anti-Stress-Rituale

So bleiben Sie fit und relaxt

Kösel

Druck und Bindung: Pustet, Regensburg
Umschlag: Elisabeth Petersen, München
Umschlagmotiv: ZEFA/Masterfile
ISBN: 3-466-34475-1

Gedruckt auf: umweltfreundlich hergestelltem Werkdruckpapier (säurefrei und chlorfrei gebleicht)

Inhalt

Dank

Unser ganz besonderer Dank gilt Frau Ulrike Reverey, die mit Sorgfalt und sehr viel Geduld in ihrer Funktion als Lektorin im Kösel-Verlag maßgeblich zum Gelingen dieses Buches beigetragen hat. Ihr mutmachender Zuspruch war für uns ein wesentlicher »Motivationsturbo« in unserer gesamten Zusammenarbeit, die jetzt schon über viele Jahre geht.

Ein spontaner Dank geht auch an den Illustrator Wolfgang Pfau, der die komplexen Übungseinheiten zeichnerisch optimal erfasst hat und die Kapitelaussagen kreativ umsetzte.

Kirsten und Gerd Schnack

Stress – Misere des 21. Jahrhunderts

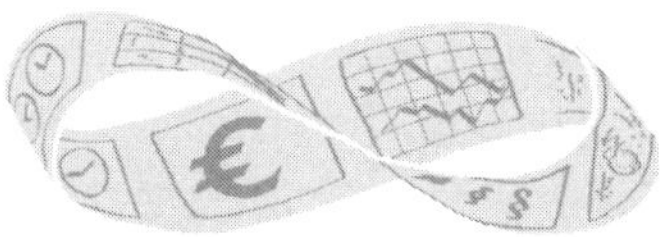

Was wäre der Mensch ohne seine Wünsche und Ziele, seine Pläne und Aktivitäten, die ihn weiterbringen und ihm das Gefühl geben, sich so seinen Platz in dieser Welt zu erobern?

Natürlich – jeder möchte auf die ein oder andere Weise erfolgreich sein, privates Glück finden und beruflich vorankommen. Er ist bestrebt, persönliche Ideen zu verwirklichen, um seine eigene Zukunft fortschrittlich zu gestalten. Möchte seiner Abenteuerlust frönen und/oder menschliche Neugier befriedigen, will Geld verdienen, Einfluss ausüben und seinen Qualitätsstandard steigern – einfach besser leben ...

All dies gehört zu den menschlichen Grundbedürfnissen, die in den unterschiedlichsten Prägungen tief im Herzen eines jeden Menschen verankert sind und die zum Motor werden für das notwendige Tun. Doch diese positive Antriebsenergie kann auch Stress produzieren, sobald das allgemeine Streben nach mehr uns in Dauerspannung versetzt und sich darunter die lähmende Grundangst einnistet, dass eines Tages die gesteckten Ziele den Bach runtergehen könnten. Das Problem im modernen Industriezeitalter ist eine generell überhöhte Aktivierung und Anspannung, die die gesamte Gesellschaft und Wirtschaft zwar vorantreibt, in der aber auch dem so notwendigen Wechsel zwischen Stressspannung und Entspannung nicht mehr genügend Beachtung geschenkt wird – oft genug mit gesundheitlichen Konsequenzen.

Dringend erforderlich ist daher ein wirksames, energiefördern-des Stressmanagement, das nach den Prinzipien des lebenserhaltenden Dualismus, der gesunderhaltenden Bipolarität funktioniert. Denn alles im Leben hat seine Zeit:

Zeit für Tag und Nacht, für hell und dunkel, für heiß und kalt. Zeit für aktivierende Stressmomente und Zeit für die notwendige regenerative Entspannung.

Erstmalig in der Menschheitsgeschichte erreicht Gesundheit einen extrem hohen Stellenwert.

Ein ständiges Leben in Beschleunigung, ein privater und beruflicher Alltag auf permanenter Überholspur ist demnach auf Dauer nicht vorstellbar und jeder von uns spürt sehr schnell, dass ein Leben in dieser Zeitraffertechnik letztlich nicht machbar ist. Erschöpfungszustände sind inzwischen immer häufiger an der Tagesordnung, denn wichtige Regenerationsvorgänge bleiben bei gestressten Menschen auf der Strecke. Doch jeder, der in diese Situation gerät, spürt irgendwann instinktiv, dass Gesundheit und persönliches Wohlfühlen immer wichtiger werden und dass ein glückliches Leben auch mit der körperlichen Befindlichkeit zusammenhängt.

Einige Zukunftsforscher sprechen sogar davon, dass wir am Beginn eines regelrechten Gesundheitszeitalters stehen und dass der richtige Umgang mit Stress für den Einzelnen bedeutsamer werden wird als die ständige Kontrolle seiner Bankkonten.

Angestrebt wird ein Zustand körperlicher und seelischer Entspannung, die so genannte innere Ausgeglichenheit aller Stressgeplagten, wobei Wellness gesundes Leben ohne schweißtreibende Übungen, ohne Leiden an Gewichten verspricht. Das

Wasser rückt zu einer Heilquelle auf und der Begriff *SPA – Sanum per aquam* wird zum prägenden Leitstern von Gesundheitsfarmen und Wellnesshotels. Allerdings lassen sich alle Gesundheitsfragen mit Wellness allein nicht lösen, denn ein bisschen Schweiß durch die Aktivität großer Muskelgruppen, beispielsweise über die praktische Ausübung von Ausdauer-, Elastizitäts- oder Krafttraining, darf es schon sein. Denn passives Wellnessambiente reicht nicht aus, um die notwendige Trainingsanpassung von Herz, Muskeln und Gelenken zu erreichen und um den Anforderungen im stressigen Alltag gewachsen zu sein. Doch wenn wir den Begriff »Wellness« sprachlich und inhaltlich erweitern, kommen wir auf ein anderes geeignetes Wort: *Luxese.* Luxese steht für Luxus, für betörende Wellnessangebote einerseits, andererseits aber ebenso für eine gesunderhaltende Trainingsanpassung im Sinne der Askese, weil Widerstände im Leben nur mit Kraft und Kondition überwunden werden können.

Luxese ist mehr als Wellness, denn Luxus wird durch Askese erst richtig schön.

Hunger ist immer noch der beste Koch, denn eine urige Brotzeit beim anstrengenden Gipfelaufstieg kann in ihrer Gourmetwirkung von den rein passiven Freuden in einem Luxusrestaurant kaum geschlagen werden. Luxese kontra Stress ist daher das Gebot der Stunde.

Doch wie lässt sich Luxese konkret praktizieren? Beispielsweise durch Meditation und Entspannung! Sie werden zum Luxus in einer Welt voller Stress, in einer Zeit ohne Zeit. Wir leben in der hellsten, lautesten und schnelllebigsten Periode der Menschheitsgeschichte. Beschleunigung statt Entschleunigung ist angesagt. Laute Motorengeräusche sind neben und über uns, ihr Rhythmus prägt den Alltag und wird vielfach durch lästige Tinnitusgeräusche in den Ohren wiedergespielt. Wir machen die Nacht zum

Tag. Wochenendpartys beginnen kaum vor Mitternacht und enden mit dem Aufgang der Sonne. Seit Erfindung der Glühbirne schläft der Mensch in der Regel zwei Stunden weniger als noch vor 100 Jahren – und unserem Immunsystem fehlt diese Erholungszeit. Doch diese Erholung und Entspannung braucht er angesichts des hohen Tempos unserer Zeit dringender denn je.

Zu alldem steigen die Anforderungen in der Arbeitswelt und fordern den meisten alles ab. Zwei Drittel aller Arbeitnehmer in Europa fühlen sich gestresst. 58 Prozent leiden unter einem zu hohen Arbeitstempo. Die Hauptgründe für den Leistungsdruck sind:

- → Fortwährende Beschleunigung im technischen Fortschritt
- → Arbeitsplatzverlust durch Rationalisierung
- → Steigende Mobilitätsanforderungen, der Mensch muss der Arbeit folgen
- → Grenzenlose Globalisierung

Treffen diese Stressfaktoren auf weitgehend körperliche Stagnation, steigen die psychischen Belastungen ins Extreme. *Karoshi* nennt man im fernen Osten den plötzlichen Tod am Schreibtisch. Im arbeitswütigen Japan waren es immerhin im Jahr 2001 690 Fälle. Karoshi-Anwärter leisten bis zu 100 Überstunden pro Monat.

☛ Stress ist ein Sauerstoff-Killer für Herz und Gehirn und für den gesamten Bewegungsapparat.

☛ Ein Drittel aller Rückenschmerzen sind stressbedingt.

☛ Das Stressulkus (Geschwür) kann Magen und Zwölffingerdarm treffen.

- ☛ Der Hörsturz und der Tinnitus sind Folgen einer stressbedingten Sauerstoffkrise des Innenohrs.

- ☛ Stress reduziert das Immunsystem und macht den Menschen anfälliger gegen Allergien und Krebs.

- ☛ Dauerstress behindert den natürlichen hormonellen Abwehrmechanismus, die Erholungsfähigkeit nimmt ab und das gesamte System kann im so genannten Burn-out enden.

Lebenskrisen entstehen, wenn nicht nur privat, sondern auch beruflich soziale Belastungen überhand nehmen und Anerkennung und Wertschätzung im Alltag fehlen, wobei die bestehende Frustration den Stress begünstigt und darüber hinaus Krankheiten programmiert. Jeder Mensch sucht seine täglichen Streicheleinheiten über Lob und Anerkennung, sie sind für jeden von uns ein regelrechter Motivationsturbo. Im beruflichen Kontext sind das:

- → Psychosoziale Anerkennung
- → Angemessene Bezahlung
- → Gerechte Aufstiegschancen
- → Die Arbeitsplatzsicherung

Ein positives Betriebsklima gedeiht, wenn Menschen im Beruf nach ihren Begabungen gefördert werden und über Anerkennung sich als Teil der Firma fühlen können. In einem schlechten Betriebsklima entstehen regelrechte Gratifikationskrisen, die Stress auslösen und automatisch Blutdruck und Herzfrequenz erhöhen. Entsprechend hängt also der Krankenstand direkt mit der persönlichen Anerkennung in der Firma, sei es durch den Chef oder durch die Mitarbeiter, zusammen.

Wichtig ist aber auch, sich klar zu machen: Jeder kann bestimmte Umstände und Entwicklungen durch seine innere Einstellung und durch aktives Handeln mit beeinflussen und muss nicht alles passiv hinnehmen. Gerade weil ein Großteil des Lebens im beruflichen Alltag verbracht wird, werden wir in diesem Buch immer wieder darauf zurückkommen und Ihnen zeigen, wie Sie den täglichen Anforderungen gelassener begegnen und Erfolg und Glücklichsein programmieren und trainieren können. Deshalb:

→ Leisten Sie Ihren Beitrag für ein gutes Betriebsklima, denn das persönliche Glück im Leben hängt immer vom Geben und Nehmen ab.
→ Die glückliche »In-the-mood-Stimmung« wird aber auch von der körperlichen Befindlichkeit beeinflusst. Sind Sie ausgeruht und alle Energiedepots optimal gefüllt, so fühlen Sie sich auch in Stimmung.
→ Ritualisieren Sie Ihr tägliches Stressmanagement und sorgen Sie dafür, dass Stress- und Antistressperioden einander ablösen – dann wird es Ihnen immer öfter leicht fallen, wieder in Balance zu kommen und sich wohl zu fühlen.

In diesem Buch möchten wir Sie in Ihrem Bestreben nach Selbstverantwortung unterstützen mit wirksamen Trainingsangeboten in einer Zeit ohne Zeit. *Anti-Stress-Rituale* führen zu neuem innerlichen Erleben, einer erweiterten Körperwahrnehmung und mehr Motivation im täglichen Handeln.

Überall und nirgends zur gleichen Zeit am selben Ort

Ich will alles und zwar sofort, überall, zu jeder Zeit. Aktuell ist eine neue Form der Beschleunigung, der pausenlosen Lebensverdichtung und *Multi-Tasking* ist das Bestreben, gleichzeitig auf mehreren Hochzeiten zu tanzen, mehrere Dinge parallel, zur selben Zeit in Angriff zu nehmen – wie der junge Mann, den wir einmal am Hamburger Hauptbahnhof entdeckten: rauchend, Kaugummi kauend, eine Coladose zum Mund führend und dabei lauschte er gleichzeitig gelangweilt den hämmernden Rhythmen seines Walkmans. Andere wiederum absolvieren ihr Jogging, indem sie den Jüngsten im Kinderwagen mitnehmen und geraten in Stress, wenn parallel zum Beinrhythmus über das Handy atemlos die anstehenden Arbeitstermine des Tages geordnet werden. Die digitale Revolution hat das Maschinenzeitalter längst überholt, der Maschinentakt leitete zwar den Eintritt in ein rasantes Zeitalter ein – aber recht geordnet, weil linear strukturiert, auf die 1 folgte die 2, darauf die 3 usw. –, doch das digitale Tempo hat

Maschinentakt ist lineare Zeitbeschleunigung.

Digitales Tempo ist kompexe Zeitbeschleunigung.

zur simultanen Ausnutzung des geringsten Augenblicks geführt: 1 und 2 erscheinen gleichzeitig auf unserer zentralen Anzeigentafel, weshalb Denken und Handeln im doppelten Sinne gefordert werden.

Pausen haben nichts mehr mit Gelassenheit, Ruhe und Entspannung zu tun und als neuer Stressfaktor tritt die Gleichzeitigkeit in Erscheinung, die der Zeit der Beschleunigung und Pausenlosigkeit an die Seite gestellt wird. Der Simultant als neuer Menschentyp tritt vermehrt in den Vordergrund, wobei das Handy zu seinem wesentlichen Begleitinstrument aufgestiegen ist, auf das auch im hektischen Alltagsgetriebe nicht verzichtet werden kann. Beim schnellen Einkauf oder auf dem Weg zur Arbeit: Ständig muss der Simultant darauf gefasst sein, dass sein aktuelles Ziel eine andere Richtung erhält, wobei der neue Fokus wiederum die ganze Aufmerksamkeit auf ein neues Thema richtet.

In dieser Welt der Gleichzeitigkeit ist eine extreme psychische und physische Flexibilität erforderlich, denn zeit- und ortlos muss der Simultant in der Lage sein, den erlebten Augenblick sowie den geänderten Zeittakt eines anderen Geschehens miteinander zu verbinden. Multitasking lässt eine exakte Planung der Zukunft nicht mehr zu. Pünktlichkeit war die Tugend einer längst vergangenen Zeit, denn punktgenaue Verabredungen sind bei dieser Zeitverdichtung auch bei längerer, exakter Planung nicht mehr möglich. Verabredungen werden in Zukunft per Handy getroffen, denn in einer Multioptionsgesellschaft möchte man von den zahlreichen Events der Gegenwart keines verpassen.

In diesem ständig steigenden Erlebniszwang fehlt dann vielfach die notwendige Muße, um das Erlebte voll in sich aufnehmen und verarbeiten zu können. Im ständigen Sinnesrausch ist das Handy niemals ausgeschaltet, wenn es läutet, kündigt es mitten in der erlebten Gegenwart schon die folgende Veranstaltung an. Bereits Goethe beschrieb den Hang des Menschen nach

Beschleunigung: »So taumel' ich von Begierde zu Genuss – und im Genuss verschmacht' ich nach Begierde«.

In der Hektik der Gegenwart wird Zeit demnach vermehrt zur kostbarsten Ressource des Menschen, denn das moderne Leben treibt ihn in ständigen Vollzugszwang, weil ein Erlebnis das nächste jagt. Das Multitasking-Phänomen wird das Stressaufkommen weiter erhöhen und die geistigen und körperlichen Herausforderungen ins Unermessliche steigern. Die Nacht wird zum Tag gemacht und es gibt nur noch wenige Ruheräume, die nicht vom rhythmischen Stakkato überdimensionaler Musikboxen erreicht werden. Der Sympathikus als Stressnerv des Menschen kommt kaum noch zur Ruhe, immer mehr Menschen leiden inzwischen unter chronischer Müdigkeit, weil der ständige Wechsel in unserer Aufmerksamkeit Gehirn und Körper extrem belastet. Die permanent steigenden stressbedingten Sympathikuserregungen werden nicht mehr ausreichend durch den Beruhigungsnerv ausgeglichen, sodass der Herzinfarkt zur echten Bedrohung wird. Gefährdet in diesem Zeitalter der Gleichzeitigkeit ist besonders derjenige, der bevorzugt mehrere stressfördernde Vorgänge miteinander verbindet, zum Beispiel:

- → Rushhour und ständiger Handykontakt
- → Einkaufen unter Zeitnot und Handykontakt
- → Autofahren unter Zeitnot in Verbindung mit Handykontakt und stark rhythmisch geprägter Musik

Handeln wir jedoch klug und weise, sind wir stets darauf bedacht, stressfördernde und stressabbauende Vorgänge miteinander zu kombinieren. Und das könnte beispielsweise so aussehen:

- → Während des Telefonats gestresste Muskelgruppen dehnen.
- → Negative Nachrichten im TV durch Entspannungsstretching abfangen.

- → Lästige Wartezeiten überbrücken, indem wir den Beinen erlauben, stressabbauend aktiv zu sein (zum Beispiel durch Auf- und Abgehen).
- → Die Wartezeit der roten Ampel nutzen, um dem Rücken ein wenig Bewegung zu verschaffen.

Das Gebot der Stunde könnte lauten: »Protestiere nicht gegen Stress, den du nicht verhindern kannst, nimm ihn an und mach das Beste aus der Situation« – diese Aussage gilt mehr denn je für den Menschen von heute. Wenn er stressfördernde und stressabbauende Vorgänge miteinander kombiniert, können die gefährlichen sympathischen Erregungen des Kampfnervs durch die entspannende Wirkung des Vagus-Nervs, des Parasympathikus, ausgeglichen werden.

Auf diese Weise lässt sich der Reizvielfalt und Reizgleichzeitigkeit im digitalen Zeitalter besser begegnen. Der Vagus aber ist ein »Gentleman«, der zu seinem Bühnenauftritt gebeten werden will. Verhelfen wir ihm doch dazu durch geeignete Anti-Stress-Rituale.

Stress wirkt dreidimensional

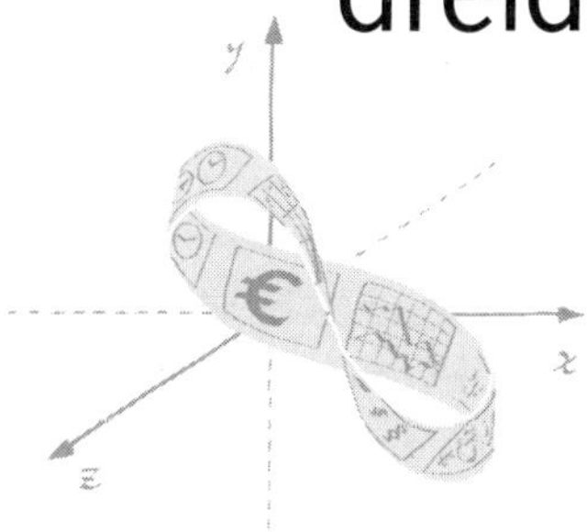

Stress trifft den Menschen überfallartig, wie ein Blitz aus heiterem Himmel sind es äußere Reize, die in ihrer Konfrontation realisiert und entsprechend mit Gegenreaktionen beantwortet werden müssen. In früherer Zeit entstand akuter Stress, wenn ein großer Bär am Zelteingang erschien. Heute tritt dieses Ungeheuer anders in Erscheinung: als Schrecksekunde bei einem Unfallcrash, als verstärkte Turbulenz während einer Flugreise oder durch Ellbogenchecks ichbetonter Zeitgenossen.

Kleine Nadelstiche oder chronischer Stress bedeuteten zu früheren Zeiten auch längere Unwetter- oder Kälteperioden, Zeiten menschlicher Enge in unzureichenden Behausungen sowie unabsehbare Perioden von Entbehrungen wie Hunger und Durst. Heute sind es die täglichen Alltagsquerelen mit Wiederholungscharakter, zum Beispiel: Zeitnot bei ständiger Arbeitsüberlastung, ein negatives soziales Umfeld, belastende Schichtarbeit, die den Tag zur Nacht und die Nacht zum Tag macht.

Wir haben also zu unterscheiden zwischen akutem und chronischem Stress. Alle irdischen Lebewesen registrieren ihre Umwelt mittels sensibler Horch- und Aufnahmeorgane, um in ihrer Selbstbehauptung auf positive und negative Einflüsse organgerecht reflektieren zu können. Der menschliche Organismus reagiert auf Stress mit komplexen inneren Botschaften, und diese Botschaften sind Hormone, die alle Organe beeinflussen können – zum einen positiv im Sinne von Förderung, zum anderen aber auch negativ im Sinne von Hemmung.

Unsere Außenantennen (Hören, Sehen, Riechen, Fühlen Schmecken) geben ihre Signale im Kopf an das Zwischenhirn (Hypothalamus) weiter, wo alle Gefühlsempfindungen koordiniert werden.

Stress löst eine regelrechte Kettenreaktion aus, wobei zunächst der Kampf- und Fluchtnerv (Sympathikus) aktiviert wird, der zu beiden Seiten der Wirbelsäule verläuft. Die sympathischen Nervenenden setzen das Hormon Adrenalin ab, das alle Bewegungsorgane aktiviert und mit Sauerstoff und Energie versorgt. Gleichzeitig zündet der Sympathikus aus dem Nebennierenmark die Botenstoffe Noradrenalin und Adrenalin, wobei sie an zwei Rezeptor-Typen der Körperzellen andocken (Alpha- oder Betarezeptoren), sodass deren Tätigkeit entweder gehemmt oder gefördert wird.

Akuter Stress aktiviert den Kampf-Flucht-Reflex und macht uns sofort mobil.

Die akute Stressreaktion läuft in Bruchteilen von Sekunden ab, denn menschliches Überleben hängt von der schnellen und direkten Antwort des Gesamtorganismus auf die äußere Gefahr ab. Über den Kampf-Flucht-Reflex wird aber auch das Immunsystem aktiviert, Fresszellen treten auf den Plan und weitere Botenstoffe werden aktiv, die so genannten Zytokine, die durch Noradrenalin verstärkt werden und die Arbeit der Immunzellen koordinieren.

Bei akutem Stress steht das sympathisch-noradrenerge System im Vordergrund, das jedoch zeitlich sehr begrenzt reagiert. Wurde die Herausforderung erfolgreich bewältigt, erfolgt über die Ausschüttung von Noradrenalin eine feste Verschaltung von Gehirninformationen: Der Mensch lernt aus der Gefahr, er sammelt Erfahrungen und ist später dann in der Lage, überaus erfolgreich in ähnlichen Situationen zu reagieren. Dieser so genannte Eustress baut in seiner positiven Wirkung den Körper optimal auf, was sich im Übrigen auch für gesundheitsfördernde Trainings und Gewohnheiten nutzen lässt – wie wir im Laufe des Buches noch sehen werden.

Chronischer und lang andauernder Stress dagegen wird über eine zweite Kaskade wiederum über den Botenstoff Noradrenalin und ausgehend vom Zwischenhirn (Hypothalamus) eingeleitet, wobei gleichzeitig die Hirnanhangsdrüse (Hypophyse) in das Geschehen mit einbezogen wird. Ein weiteres Hormon (ACTH – adrenocorticotrophes Hormon oder auch Corticotropin – releasing Hormon – CRH genannt) gelangt ins Blut, wobei diesmal die Nebennierenrinde (denn akuter Stress aktiviert das Nebennierenmark) über die Abgabe von Glucikorticoiden (Cortisol) beeinflusst wird.

Cortisol bewirkt eine ergänzende Aktivierung des gesamten Bewegungssystems, eine Hemmung aller Verdauungs- und Sexualvorgänge, eine Förderung des Eiweißabbaus, eine vermehrte Bereitstellung von Zucker und wirkt außerdem im Sinne einer Eindämmung aller entzündlichen Vorgänge. Geradezu generalstabsmäßig reagiert unser Körper auf Stress, denn schon im Vorwege werden Botenstoffe ins Blut geleitet, die entzündliche Veränderungen positiv beeinflussen können, weil äußere Attacken vielfach mit Verletzungen einhergehen, die stets die Gefahr einer Entzündung heraufbeschwören.

Der Cortisolspiegel wird vom zentralen Nervensystem kontrolliert und hohe Werte werden sofort nach unten korrigiert. Nimmt der Cortisolspiegel ab, so geht die Stressreaktion zurück, der Körper entspannt sich und kommt zur Ruhe.

Dauerstress in seiner negativen Wirkung auf den Gesamtorganismus

Herz-Kreislauf-System

Die Entwicklung einer Arteriosklerose durch erhöhten Blutdruck zerstört die Arterien. Verstopfte Blutbahnen entstehen durch anhaftende weiße Blutkörperchen mit verklumpten Blutplättchen sowie Fett- und Zuckeransammlungen. Es kann außerdem zum Arterienverschluss (wie zum Beispiel Herzinfarkt, Schlaganfall) kommen.

Muskulatur

Es kommt zur Zuckerverarmung der Muskelzellen, da die Muskulatur schlechter auf Insulin anspricht. Cortisol verbraucht das Muskeleiweiß und die Muskelmasse nimmt ab. Es entsteht eine chronische Verspannung der Muskeln. Insbesondere psychischer Stress führt zu Nacken- und Rückenschmerzen.

Bauchspeicheldrüse

Die Inselzellen der Bauchspeicheldrüse produzieren das Insulin, das den Blutzuckerspiegel reguliert. Chronischer Stress erhöht den Cortisolspiegel und setzt die Wirkung von Insulin auf die Körperzelle herab. Dies wiederum provoziert bei den Inselzellen eine vermehrte Insulinproduktion. Die Folge ist eine vorzeitige Erschöpfung mit dem Ergebnis, dass chronischer Stress das Diabetesrisiko entscheidend erhöht.

Magen

Die chronische Erhöhung der Stresshormone bewirkt eine Verengung der Blutgefäße in den Verdauungsorganen, worunter der Magenschleimhautschutz der Magenwände leidet. Stressgeschwüre mit akuten Blutungen sind die Folge. (Dies hat man sogar bei den Schlittenhunderennen in Alaska beobachtet, bei denen speziell die Führungstiere als Folge der langen Anstrengung oft mit blutenden Magengeschwüren reagieren.)

Immunsystem

Chronischer Stress mit zu viel Cortisol im Blut schränkt die Zytokinproduktion ein und hemmt das lymphatische System. Auf diese Weise wird die allgemeine Körperabwehr geschwächt.

Chronischer Stress ist also eine lang anhaltende Alarmsituation im Körper mit weiter greifenden Aktionen auf den Gesamtorganismus, in deren Folge die Abwehrbereitschaft und die Widerstandsfähigkeit erhöht werden.

Die längere Wirkung der Stressoren bewirkt aber nicht nur die geschilderten gesundheitlichen Risiken, sondern auch bestimmte Anpassungserscheinungen, so genannte Adaptationen. Die Anpassung ist nötig, weil es dem Menschen sonst nicht möglich wäre, auf unterschiedliche Anforderungen adäquat zu reagieren. Das können physikalische Faktoren sein wie Klimawechsel, Zeitverschiebung, Höhenadaptionen usw., aber auch seelische Reaktionen wie Zeitnot, Aufregung, Kummer, Ärger, Überforderung, Lärm, Mobbing usw. Der Körper ist also in der Lage, länger anhaltende Stressoren durch Anpassung auszugleichen – wird daraus allerdings ein Dauerzustand und fehlt ein entspannender Ausgleich, kann dies zu gesundheitlichen Konsequenzen führen, wie bereits geschildert.

Kein Zweifel: Stress braucht der Mensch, allerdings richtig dosiert, wobei es auf den regelmäßigen Wechsel zwischen Anspannung und Entspannung ankommt.

Niemand kann sich der entstehenden Stresswirkung im Alltag entziehen, denn wir reagieren auf Anspannung mit einem Reflex, ganz im Gegensatz zur Entspannung, die jedes Mal bewusst individuell erkannt und eingeleitet werden muss. Im 21. Jahrhundert wird Stress, wie schon geschildert, zu einer allgemeinen Misere durch ständige Erhöhung der Stressoren, wobei drei Körperregionen in spannungsgeladene Alarmbereitschaft versetzt werden:

- Das Gehirn als zentrale Projektionsebene
- Das Herz-Kreislauf-System als allgemeine Projektionsebene
- Das Muskel-Sehnen-Gelenk-System als periphere Projektionsebene

Das Gehirn

Länger dauernde Stressattacken machen uns kopflos, sie lähmen das Erfassen klarer Gedanken. In markanten Stresssituationen laufen und reden alle durcheinander und das meistens in die falsche Richtung. Das so genannte negative Denken nimmt zu, im Vordergrund stehen Sorgen und Ängste, die uns tagelang begleiten. Ein Problem tut sich auf, wir können unser Denken nicht auf Befehl abschalten.

Der Mensch denkt immer, ganz egal, wo er steht und geht.

Chronischer Stress führt nicht selten in die Mutlosigkeit, in die Depression. In solchen negativen Situationen helfen keine Anforderungsappelle von außen. Hilfe kann nur dadurch erfolgen, wenn man sich auf das Tief des Mutlosen einstellt, wenn man mit den Traurigen weint.

Das Herz-Kreislauf-System

Die Hauptgefahr geht von einer chronischen Blutdruckerhöhung aus, sie bewirkt eine allgemeine Arteriosklerose, die nicht selten in arteriellen Durchblutungsstörungen mit dem Auftreten von Herzinfarkt, Schlaganfall endet.

Das Muskel-Sehnen-Gelenk-System

Chronischer Stress bewirkt über den erhöhten Cortisolspiegel eine erhöhte Grundspannung in der quer gestreiften Muskulatur. Kommen einseitige Belastungen hinzu, werden die Gelenke überfordert und in eine muskuläre Dauerspannung versetzt. Dies führt zu einer regionalen Sauerstoffunterversorgung und unter Umständen in die moderne Berufskrankheit RSI (siehe dazu auch Seite 96 f.).

Stress in Dauerform wirkt auf den Gesamtorganismus dreidimensional.

- → *Zentral* im Gehirn: Sorgen und Ängste bestimmen ein negatives Gedankengut.
- → *Allgemein:* mit einer nachhaltigen Schädigung des gesamten Herz-Kreislauf-Systems.
- → *Peripher:* mit regionalen Muskel- und Gelenkverspannungen unter Ausbildung der modernen Berufskrankheit RSI.

Stress braucht Antistress

Extreme Gegensätze bestimmen unser Leben, auf die dunkle Nacht folgt der helle Tag und Wellenberg sowie Wellental prägen jede Brandung. Auch in unserem Organismus können Sauerstoff und Energie nur in einem regelmäßigen Wechselspiel zwischen Anspannung und Entspannung fließen. Dieser positive Flow-Effekt kann aber nur dann funktionieren, wenn Phasen von Stress regelmäßig durch Perioden der Ruhe, Entspannung, der Meditation abgelöst werden. Geradezu vorbildlich reagiert unser Herz, wohlweislich einer automatischen Nervensteuerung angeschlossen, denn ohne willentliche Steuerung wechseln Systole (Anspannung) einerseits und Diastole (Entspannung) andererseits einander ab – Tag und Nacht, Woche für Woche, Monat für Monat, Jahr für Jahr. Dieser ständige Pumpmechanismus ist Grundvoraussetzung für den regelmäßigen Strom arteriellen Blutes in unseren Adern, damit auch die letzte Zelle unseres Körpers regelmäßig über ausreichend Treibstoff verfügt. Dieser Treibstoff, gemeint ist das Blut im Körper, wird jedoch durch eine anhaltende Stressspannung blockiert.

Starten Sie einmal den Versuch und ballen Sie die Finger kräftig zur Faust, dann sehen Sie weiße Areale der Hautspannungszonen über den Handknöcheln. 14 Tage Gipsruhigstellung in dieser Position – und die gestressten Hautareale über den Fingergrundgelenken würden Gewebsschäden (Nekrosen) aufweisen, weil der Versorgungsstrom im Fauststress unterbrochen war. In der gleichen Situation befindet sich das Herz mit seinen versorgenden Kranzgefäßen, denn nur während der Entspannungsphase (Diastole) kann der arterielle Blutstrom in den herzeigenen Bahnen fließen. Während der Systole (Anspannungsphase) gleicht unser Herz der geballten Faust und für diesen Moment ist der Herzmuskel von der Sauerstoffversorgung abgeschnitten.

Unser Herz wird nur über die Kranzgefäße in der Entspannungsphase (Diastole) mit Sauerstoff und Energie versorgt.

Um es nochmals zu betonen: Ein Grundprinzip lebendiger Gesundheit ist der permanente Wechsel von Anspannung und Entspannung, von Stress und Antistress. Unser ganzes Leben ist ein Wechselspiel, ein Auf und Ab zwischen Tag und Nacht, zwischen Heiß und Kalt und diesem belebenden Rhythmus haben alle Staaten um den Atlantik herum ihre hohe Kultur und ihren Wohlstand zu verdanken, weil alleine schon in den gemäßigten Zonen der Jahreszeitenwechsel von Frühling, Sommer, Herbst und Winter für Antrieb und Kreativität sorgt. Die Tropen mit ihrer ewig blendenden Sonne stellen in der Regel ein Hindernis für die optimale menschliche Entwicklung dar, denn jede Monotonie steht für Stillstand, Degeneration und Zerfall.

Finden wir doch den richtigen Mix zwischen Stress und Antistress, wobei die soeben gepriesene Vielseitigkeit der gemäßigten Zone durch die Einseitigkeit der Lebensbedingungen im Industriezeitalter nahezu verloren gegangen ist, weil unser Alltag von Hektik, Lärm und Zeitlosigkeit bestimmt wird. Kraft und Energie schöpft der Mensch jedoch aus Ruhe, Stille und Entspannung, weshalb in diesem Buch insbesondere meditative Techniken als Gegenpol zum Stress vorgestellt werden.

Stress braucht Meditation – Meditation braucht Stress

Stress müssen wir in unserer schnelllebigen Zeit nicht noch vermehren, denn äußere Reize, die unser Adrenalin/Noradrenalin-System in Gang setzen, haben wir mehr als genug. Was wir brauchen, sind ausgleichende Strategien über Meditation und Bewegung, die aber leicht in den Alltag integriert werden können. In einer Zeit ohne Zeit sind leichte nutzbare Quellen gefragt, ein Training im Vorübergehen mit hoher Wirkungskomponente.

Anti-Stress-Rituale sind ein Fitnesstraining durch Nichtstun, das nach folgenden Prinzipien verläuft:

- → Die Anlage zur Meditation ist durch unsere pränatale Erfahrung im Mutterleib tief in uns verwurzelt und daher leicht abrufbar.
- → Auf zeitintensive Lernprogramme kann verzichtet werden.
- → Die Rituale sind am Arbeitsplatz, auf Reisen, vor einer Prüfung, bei Flugangst etc. schnell und überaus wirksam umsetzbar.
- → Sie sind nicht schweißtreibend, in jeder Kleidung durchführbar.
- → Es erfolgt eine Leistungs- und Gesundheitsverbesserung, die dem zeitintensiven Ausdauertraining sogar noch überlegen ist.
- → Anti-Stress-Rituale führen zu einem hohen persönlichen Gewinn, von dem Berufs- und Privatleben gleichermaßen profitieren können.

Stress braucht der Mensch, Stress ist der Kickstarter für Bewegung und Fortschritt, für ein zielorientiertes Leben. Ohne Lampenfieber kann ein Musiker oder Schauspieler auf der Bühne nicht seine volle Begabung zur Schau stellen. Ziele bestimmen unser Leben, wenn wir jedoch unser Ziel niemals aus den Augen verlieren können, so werden wir kurzluftig unter Stress gesetzt. Ein erfolgreiches Finish ist nur über Phasen kontrollierter Ziellosigkeit möglich.

Stress nimmt uns den Atem, macht uns atem-los und mit einem kurzen Atem rückt ein angepeiltes Ende in endlose Ferne. Hat man beim Bergsteigen den Gipfel immer im Blick, so kann man von seiner erhabenen Größe regelrecht erschlagen werden. Erfolgreiche Lebenskonzepte sind daher ganz besonders auf Abschnitte der Entspannung, der Ruhe, des tiefen Atems, der Meditation, der Zielabkehr angewiesen.

Erfolgreiches Leben und Arbeiten braucht den weiten Wind der Meditation, denn Drachen steigen nur gegen den Wind.

»Nur wer tief atmen kann, hat den Mut und die Kraft eines Löwen«, sagt ein fernöstliches Sprichwort. Stress dagegen wirkt wie ein Sauerstoffkiller. Stress braucht deshalb wirksamen Antistress. Drei entscheidende Fluchtkorridore stehen uns dabei jederzeit zur Verfügung:

- → Meditation mit sich ständig wiederholender, also repetitiver Technik, wobei die Konzentration auf die Ein- und Ausatmung als körperliche Leitschiene wirkt.
- → Die Fokussierung des Gehirns via Leitwort oder Leitmelodie als geistige Leitschiene.
- → Synchronisation repetitiver Strukturen zwischen der körperlichen und geistigen Leitschiene prägen das repetitive Meditationstraining.
- → Tägliche 30-Minuten-Aktivität des rechten und linken Beins nach der Swingtechnik (siehe Seite 110 ff.).

> Entschleunigung statt Beschleunigung ist das Gebot der Stunde! Machen wir den Weg zum Ziel und üben uns in bewusster Achtsamkeit, um uns in Zeit und Raum zu verlieren.

Entschleunigung statt Beschleunigung

Die Zeit vergeht wie im Fluge, Zeit ist Geld, Leben in einer Zeit ohne Zeit – all das sind aktuelle Schlagworte, die modernes Leben im Industriezeitalter charakterisieren. Im Zeitraffereffekt verschwimmt die Gegenwart wie beim Blick aus einem rasenden ICE. Von klein auf wurde uns beigebracht, unser Leben zielorientiert auszurichten und die gesamte Aufmerksamkeit einer einmal gesteckten Aufgabe zu widmen. Dieses Verhalten prägt demzufolge die gesamte Schul- und Berufsausbildung und den Arbeitsalltag. Aber auch im Freizeitsport ist das Trainieren nach der Uhr die übliche Messlatte und entsprechend angespannt und verzerrt treten beispielsweise Jogger in ihren Freizeitparcours auf.

Ganz allgemein kann man feststellen, dass wir zu zukunftsorientierten Zeitgenossen erzogen wurden. Uns interessiert neben dem Tagesablauf primär das Programmieren zukunftsorientierter Daten, unser Leben ist über Wochen, Monate, ja Jahre hinweg durchorganisiert. Resultat dieser exakten Zukunftsplanung ist ein vorwiegend negatives Denken, weil zu möglichen aktuellen Sorgen und Ängsten auch die bereits heute kalkulierbaren Risiken der nahen und fer-

Ein Müllberg negativer Gedanken von heute, morgen und übermorgen lähmt jede Kreativität.

nen Zukunft mit integriert werden müssen. Die Zukunft baut sich wie ein unüberwindliches Hindernis auf, das uns die Luft zum Atmen nimmt. Diese Negativplanung unseres Lebens findet gleichzeitig in hohem Tempo statt, in dem es keinen Stillstand gibt: Ein heute erworbener Fotoapparat, ein brandneuer CD-Player oder Computer sind bereits morgen alt, unmodern und überholt. Kaum hat man sich in mühevoller Kleinarbeit durch die Programminhalte durchgearbeitet, so flattert einem bereits die neue Gerätebeschreibung auf den Tisch.

Alles Denken, Planen und die logischen Handlungsprofile sind rein zukunftsorientiert und die Zeitmaschine der Beschleunigung stellt sich durch Rastlosigkeit, Hektik und Stress dar. Zeit wird zwangsläufig zur kostbarsten Ressource. Entsprechende Uhren gibt es im Überangebot, in Gold, Silber und mit Diamanten besetzt, doch was sollen all diese Uhren, wenn die Zeit, für die sie entwickelt wurden, nicht mehr vorhanden ist? Auf einer Schweizer Himalaya-Expedition wurden die Sherpas von den Eidgenossen auf den Grund ihrer Gelassenheit, Sorglosigkeit und Entspannung angesprochen: »Ihr habt die Uhren, doch wir haben die Zeit«, lautete die prompte Antwort.

In diesem Wettlauf durch die Zeit vergeht das Leben im Sauseschritt. Offensichtlich Grund genug, in einem Reisen ohne Grenzen von einem Abenteuer zum anderen zu springen, wie ein Schmetterling von Blume zu Blume flatternd. Nicht nur im Berufsalltag, auch im Urlaub, der schönsten Zeit des Jahres, ist vielfach Stress angesagt, denn ein Event jagt das andere. Und man würde doch in vielen Situationen am liebsten die Worte des Dr. Faustus aufgreifen und ausrufen: »Zum Augenblicke dürft ich sagen, verweile doch, du bist so schön.«

Der Zeitexpress lässt sich aber nicht aufhalten, denn er gehorcht dem Gesetz der Beschleunigung und der Schnelllebigkeit dieser Epoche.

Auf der Strecke bleibt die bewusste Achtsamkeit des Augenblicks. Unaufhörlich knallt die Antriebspeitsche und in diesem Fun-und-Action-Szenario fehlt ganz einfach die innere Einstellung zur Gestaltung der schöpferischen meditativen Pause, in der die gesamte Persönlichkeit aufgehen kann.

Stress braucht wie gesagt den Antistress und jedes zielorientierte Leben ist auch auf Momente absoluter Ziellosigkeit angewiesen – um den Gedanken der Bipolarität an dieser Stelle nochmals aufzugreifen. *Ent*schleunigung statt *Be*schleunigung ist das Gebot der Stunde, wenn wir die Selbstorientierung im beherrschenden Eilzugtempo nicht völlig verlieren wollen. Schöpferische Pausen leben von der momentanen Kraft der Meditation, die durch die Wiederholung der Wiederholung geprägt ist. Auf diese Weise verschmelzen Gegenwart und Vergangenheit miteinander, weil jede repetititve Struktur Elemente aus der Vergangenheit wieder aufgreift. Wird Vergangenes wiederholt und erneut in Erinnerung gerufen, so geht von dieser Repetition eine enorme Kraft aus. Eine immer wieder erzählte Geschichte steigert ihren Wahrheitswert, akzentuiert und bekräftigt ihn. Auch wenn wir Rhythmen, Bewegungen und Tänze permanent wiederholen, können wir aus diesen Vorgängen Kraft schöpfen.

Repetitives Meditationstraining (RMT – siehe auch S. 117 ff.) unterstreicht die Achtsamkeit des Augenblicks – wird Zeit jedoch mit zwanghaften Aktivitäten permanent besetzt, so zerrinnt sie unaufhaltsam zwischen den Fingern. Entschleunigung statt Beschleunigung wird durch das bewusste Erleben der Gegenwart ermöglicht. Die Achtsamkeit des Augenblicks ist eine Konzentrationsübung im Denken. Die Gehirnaktivitäten sind fokusartig auf einen Punkt konzentriert und auf diese Weise wird der fehlerhafte Kreislauf zwanghafter Aktivitäten durchbrochen. Zeitlupentempo bestimmt den bewussten Augenblick.

Entschleunigung statt Beschleunigung ist Antistress pur.

Asien lächelt anders als Europa, in Indien hat der gelebte Augenblick grundsätzlich einen höheren Stellenwert als in westlichen Industrieländern. In Indien reagiert schon ein armer Rikschafahrer nicht zukunftsorientiert wie ein westlicher Taxifahrer: Hat er bereits am Mittag seine notwendige Tagesgage erreicht, so kann ein Tourist bei der Bestellung einer Fahrt erleben, dass er an seinen Kollegen verwiesen wird, der zu diesem Zeitpunkt noch ein Defizit aufzuweisen hat. Im Hindi, als Sammelbegriff nordindischer Dialekte, kennt man die Dreiteilung zwischen Gestern, Heute und Morgen nicht. Der Begriff »Aj« (gesprochen Aadsch) steht für Heute, während das Wort »Kal« Gestern sowie Morgen ausdrückt. Regionale Sprachentwicklungen richten sich immer nach dem Denken und Fühlen der Menschen. In einem Land, in dem Vergangenheit und Zukunft miteinander verschmelzen, kann von einem endlosen Zeitozean gesprochen werden, in dem aber die weitreichende Zukunftsplanung keinen Raum hat, wodurch ein sorgenvolles Handeln und Denken deutlich begrenzt wird.

Für Beschleunigung als prägendes Stressmerkmal trifft die bildliche Darstellung einer sturmgepeitschten See zu, in der die gleichmäßigen harmonischen Strukturen sich in nichts auflösen und in dessen Fluten sich Mond und Sterne nicht mehr spiegeln können. Der bewusst erlebte Augenblick als Gegenwart der Achtsamkeit wird bildlich durch »Still ruht der See« charakterisiert, auf dessen spiegelnder und klar gezeichneten Oberfläche sich die Konturen der Himmelskörper wiederfinden.

Präventivmedizin – die neue Medizin der Hoffnung

Artisten leben gefährlich, neben ihrer absoluten Fitness müssen Seiltänzer von ihrer Leistung, von ihrem Können absolut überzeugt sein. Schon der kleinste Gedanke an Selbstzweifel ist vielfach der Anfang vom Ende des Tanzes unter der Zirkuskuppel.

Glaube und innere Überzeugungskraft sind in der Medizin mit dem so genannten *Placebo*effekt eines Medikaments zu vergleichen (Placebo, lat. = Ich werde heilen). Gemeint sind wirkstofffreie Scheintherapien, die einen Heilungsprozess durchaus zum Guten beeinflussen können. Die Placebowirkung steht vielfach im Zusammenhang mit dem Geheimnisvollen: Die Kraft der Wunderpille beispielsweise ist nicht durchschaubar, die wirksame schwarze Salbe ist nicht nur teuer, sie ist zudem schwer erreichbar und kommt möglichst aus einem fernen Land usw. Die Kraft des Geheimnisvollen ist gewaltig und ihr wird nach den Aussagen der Psycho-Neuro-Immunologie eine 70 bis 80-%ige Wirkung eingeräumt.

Jeder Artist lebt von der Kraft der inneren Überzeugung und positiver Selbstgespräche.

Die gegenteilige Wirkung geht von *Nocebo* (lat. = Ich werde schaden) aus und vielfach genügen schon negative Gedanken, die einen Krankheitsprozess in Gang setzen können. Im »Eingebildeten Kranken« schildert Moliere meisterhaft einen Menschen, der vom Kopf her leidet, der an seine Krankheit glaubt und sie dann körperlich mit großen Wehklagen auch durchstehen muss.

Häufig genügt schon die negative Interpretation einer Röntgenaufnahme, um ein Erkrankungsbild in Erscheinung treten zu lassen. Werden dann vom Therapeuten sogar noch abschlägige Prognosen für die nahe und ferne Zukunft erteilt, so sind die meisten Patienten kaum noch in der Lage, sich aus diesem fehlerhaften Kreislauf zu entfernen. Von einer medizinischen Weisheit kann in keinem Falle gesprochen werden, wenn die Beipackzettel aller Medikamente dem Heilbedürftigen frei zur Verfügung stehen, wenn in allen Einzelheiten gravierende Nebenwirkungen einschließlich Todesfolgen fein säuberlich aufgelistet werden und wenn dann im selben Gang just die Einnahme dieses Mittels als richtiges Medikament für das akute Krankheitsbild empfohlen wird. Schockreaktionen mit akutem Kreislaufversagen sind allein schon beim Selbststudium nicht selten die Folge und die mittelbaren Folgen müssen dann durch ein weit stärkeres Notfallmedikament behoben werden.

Hoffnung und Vertrauen sind die notwendige Verhandlungsbasis zwischen Patient und Arzt, wenn gemeinsame Strategien zur Bewältigung einer Krise gefunden werden sollen. Noch vor 50 Jahren wirkte allein schon der weiße Kittel eines Arztes als hoffnungsvolles Placebo. Das aufgeklärte Medienzeitalter hat allerdings mit dem »Halbgott in Weiß« endgültig aufgeräumt und ihn als einen profanen Zeitgenossen voller Fehler und Schwächen auf den Boden der Realität zurückgeholt. Ob diese Degradierung einer weisen Entscheidung entsprang, lässt sich für einen Patienten nicht in jedem Falle positiv beantworten. Fakt ist, dass gegenwärtig dem Doktor häufig mit Vorbehalt und mit einer Portion Misstrauen begegnet wird. Vor chirurgischen Eingriffen konsultiert man nicht selten fünf Fachärzte und muss sich anschließend mit zehn Meinungen auseinander setzen. Die Bürde des Kranken ist gegenwärtig schwerer und drückender als in früheren Jahren, denn individuelle Freiheit bedeutet auch, manche Entscheidungen eigenverantwortlich treffen zu müssen.

Ein Arzt sollte den Dialog suchen, eigenverantwortliche Strategien und Prävention fördern.

Jede noch so gute Therapie kann durch Nocebo zerstört werden. Man hüte sich vor allen negativen Kommentaren und vor so genannten »Katastrophenmenschen«, die häufig unter Kollegen, Onkeln, Tanten und anderen Schwarzmalern zu finden sind, weil jene meist davon überzeugt sind, das aktuelle Problem am eigenen Leibe in wesentlich dramatischerer Form durchgestanden zu haben.

Wir reden uns so lange eine Krankheit ein, bis wir sie auch real bekommen. Leben wir dagegen nach der Devise »Was ich nicht weiß, macht mich nicht heiß«, so können wir es mit Gelassenheit angehen lassen, ohne dabei auf wichtige Vorsorgeuntersuchungen zu verzichten. Denn dadurch kann so mancher Verunsicherung wirksam begegnet werden. Insbesondere ängstliche und depressive Menschen sind noceboanfällig. Sie leiden häufig unter Kopf-Nacken-Rücken-Schmerzen, unter dem chronischen Müdigkeitssyndrom (CFS) und nicht selten unter multiplen chemischen Überempfindlichkeiten (MCS).

Vorsicht vor »Katastrophenmenschen«, die andere krankreden.

Ein Schiffbrüchiger ertrinkt in erster Linie nicht wegen seiner körperlichen Erschöpfung, nein, tödlich ist vor allem die Mutlosigkeit, das Empfinden der Ausweglosigkeit, die keinen Raum für Hoffnung und Rettung gibt, weil weder ein Boot noch Land in Sicht sind.

Hoffnung und Zuversicht sind Placeboeffekte und bringen Sonnenstrahlen in unseren Alltag.

Placebos leiten über eine bessere Erwartungshaltung bereits den Heilungsprozess ein, sie lindern Schmerzen, senken den Blutdruck, beruhigen den Herzschlag, lassen uns die Nachtruhe genießen. Man muss nur daran glauben – und bekanntlich kann Glaube Berge versetzen.

Placebos beeinflussen bestimmte Areale in der Hirnrinde, entwickeln Stoffwechselaktivitäten im Limbischen System, dort, wo unsere Beziehungsebene liegt und in der Verbindungen zwischen Emotionen, Bewusstseinsvorgängen und Motivationen hergestellt werden.

Ein regelrechter Flow-Effekt geht auch von positiven Selbstgesprächen aus, die zum Beispiel im Spitzensport allgemeine Praxis sind, weil es zur Erbringung von Höchstleistungen auf absolute Synchronisation zwischen Körper und Geist ankommt. Sie sind die ideale Zündung für unseren Energieturbo. 85 Prozent aller Spitzensportler können in der Regel ihre physischen und technischen Möglichkeiten nicht im Wettbewerb umsetzen. Nur 15 Prozent aller Ausnahmeathleten sind die wahren Champions, die eigentlichen Goldmedaillengewinner, die im entscheidenden Moment sämtliche Körperreserven *und* ihre mentalen Kräfte mobilisieren können.

Hoffnung braucht der Mensch – und das besonders in Krisenzeiten! Stress im Alltag kann nur mithilfe hoffnungsvoller Strategien überwunden werden. Hoffnung gibt dem Schiffbrüchigen die notwendige Überlebenskraft, um noch in auswegloser Situation ungeahnte Energien im Körper freizusetzen. Im Verletzungsfall beruhigt das Herannahen des Unfallwagens sowie der weiße Kittel des Arztes und man beginnt, wieder neuen Mut zu fassen. Ein regelrechtes Stimulans ist auch die heilende Hand des Therapeuten, denn hierdurch werden Antriebskräfte im Körper geweckt, die insbesondere das Immunsystem verstärken.

Präventivmedizin ist die neue Medizin der Hoffnung! Hoffnung und Ermutigung sind besonders im Erkrankungsfall wichtig, weil zuversichtliches Denken und Handeln Chancen im Leben eröffnen, die die Grenzen jeder naturwissenschaftlichen Analyse sprengen können, weil Glaube, Mut und Hoffnung nicht messbar sind.

Hoffnung wirkt heilend.

Immer wieder treffe ich Seminarteilnehmer, die wegen eines Erkrankungsfalls so verunsichert sind, dass sie sich so gut wie nichts mehr zutrauen, kaum Schritte nach vorne wagen und somit ein Leben im Stillstand führen. Bei Gelenkarthrosen beispielsweise müssen sie nur noch mit Verboten leben und auf ihre Lieblingssportart haben sie vor Jahren schon verzichtet. Derart verzagt bewegen sie sich nur noch in Schutzzonen und das einmal lädierte Kniegelenk wird nur noch durch einen Handstock entlastet. In diesem ständigen Schongang bleibt selbstverständlich die gesamte Beinmuskulatur auf der Strecke, sodass das Kniegelenk nun endgültig ohne die natürliche äußere Muskelstütze auskommen muss.

Mit diesen Mutlosen haben wir im Rahmen eines Gesundheitsurlaubs ein »Treppentraining im Schongang« eingeübt unter folgender Devise: Langsam, nur noch treppauf, pro Sekunde eine Stufe – treppab rückwärts oder per Lift. Mit diesem Spezialtraining zur optimalen Knieentlastung kam schon nach wenigen Tagen Hoffnung auf. Hoffnung, die schnell zur Begeisterung führte, weil der Verunsicherte nun intuitiv spürte, dass auch bei einer Kniegelenksarthrose noch etwas zu machen ist, sobald ihm exakt erklärt und gezeigt wird, wie er die Regeln der Biomechanik zu beachten hat. Ermutigend und unvergesslich sind dann begeisterte Kommentare, wie »Herr Doktor, ich wusste ja gar nicht, dass ich zu derartigen Leistungen noch fähig bin, es ist geradezu fantastisch, es macht wieder Spaß zu leben.«

Das Kap der Guten Hoffnung hat seinen Namen von der Überwindung einer Chaossituation – in diesem Falle auf rauer See und im Angesicht objektiver Gefahren, durch die Seeleute häufig an die Grenzen ihrer Leistungsfähigkeit geführt werden. Aber auch in auswegloser Situation schöpft jeder Mensch wieder neue Kraft durch ein Fünkchen Hoffnung, die in sturmgepeitschter dunkler Nacht durch die Zuversicht des »Kapitäns« vermittelt werden kann. Ärzte, Therapeuten und Trainer sind derartige Hoffnungsträger. Sie können durch ihre Überzeugungskraft Energien freisetzen, die sich insbesondere bei Erkrankungen positiv nutzen lassen.

Alles im Leben braucht seine Zeit: Zeit für Trübsal und Hoffnung, Zeit für Chaos und Ordnung, Anspannung auf der einen Seite und Entspannung auf der anderen. Der Philosoph Immanuel Kant skizzierte das Wechselspiel zwischen Hoffnung und Chaos mit den Worten »Der Himmel hat den Menschen als Gleichgewicht zu den vielen Mühsalen des Lebens drei Dinge gegeben: *Hoffnung – Schlaf – Lachen*«.

Humor ist, wenn man trotzdem lacht! Gegen Stress und seine Spätfolgen werden neuerdings sogar Lachseminare veranstaltet, weil durch Lachen das Zwerchfell aktiviert wird und über diese Zwerchfellaktivität der »Gentleman« Parasympathikus (Beruhigungsnerv) auf die Bühne gebeten werden kann. Lachen ist die beste Medizin, der natürlichste Entspannungsausgleich im Sinne von Meditation.

Hoffnung, Lachen, Humor sind das ideale Stressmanagement.

Jede Negativaussage im Erkrankungsfall nimmt dem Menschen Mut und Hoffnung. Optimismus ist daher wohl die wichtigste Steuereinheit innerhalb eines Stressmanagements. Pessimismus dagegen lähmt, schafft Stillstand und treibt Menschen in die Depression, im Folgenden plastisch dargestellt durch eine Bildgeschichte: Auf einem Bauernhof fallen zwei Frösche in eine Kanne mit Milch. Für den Pessimisten ist die Situation aussichtslos, er streckt alle viere von sich und ertrinkt. Der Optimist dagegen glaubt an das gute Ende, er strampelt und strampelt und strampelt – und sitzt schließlich auf der Butter!

Erlebnispädagogik in der Prävention

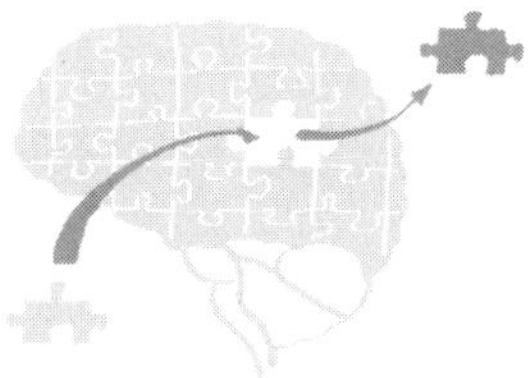

Erlebnisse formen unser Bewusstsein, gestalten das Denken und Handeln. Erlebnisse sind Events in einem praktischorientierten Lernprogramm, das sich unter anderem auch an einem natürlichen Umfeld misst. Dieses natürliche Umfeld wird zum Beispiel von unterschiedlichen Landschaftsbildern geprägt, durch eine wechselnde Klimazone in ihrer vielfältigen Bildfolge zwischen Frühling, Sommer, Herbst und Winter, durch das Hoch und Tief der Berge und die Weite der Meere. Haben wir eine Zeit in der Natur verbracht und sie aufmerksam und mit allen Sinnen wahrgenommen, sprechen wir von einem wunderbaren Erlebnis. Wir schwelgen in Erinnerung an einen herrlichen Sonnenuntergang, an zauberhaft blühende Bäume, schneebedeckte Gipfel oder endlose Spaziergänge an einsamen Sandstränden und brandender See. Reich an Erlebnissen ist aber auch die faszinierende Welt der Musik mit ihrer Vielfalt an Klangbildern und unterschiedlichen Rhythmen, die uns sowohl anregen als auch entspannen können. Musik lässt uns ebenfalls eintauchen in einen anderen Bewusstseinszustand und bewirkt prägende Eindrücke.

Positive Erlebnisse – gleich, welcher Art – bewirken einen inneren Dialog, sie wecken Gefühle und können entscheidende Impulse geben für notwendige Wachstumsprozesse mit aufbauender Entfaltung von Körper und Seele.

Prägender Baustein der erlebnispädagogischen Präventivmedizin ist ein Abweichen von der Norm, denn jede Form der Monotonie, der betonten Einseitigkeit, steht einem fördernden Lernprozess, steht der freien Entfaltung von Körper, Seele und Geist im Weg. »Immer dasselbe macht dumm und krank – der Mix macht's« kann zum prägenden Leitsatz moderner Erlebnisfähigkeit erhoben werden, denn Erlebnisse sind bewusst gesteuerte Höhepunkte in einem angepassten Leben voller Ordnung und Sicherheitsdenken, in dem jede andersartige Erlebnissituation mit einem gefährlichen Seiltanz verglichen wird.

Die moderne Erlebnispädagogik geht von ganz bestimmten Voraussetzungen aus:

→ Erlebnisse sind im menschlichen Bewusstsein Grundbausteine zur Entwicklung der Persönlichkeit. Unser so genanntes Tagesbewusstsein ist die Summe kognitiver und sinnlicher Erfahrungen, in denen die Erlebnisse wie Sternschnuppen am Himmel aufleuchten.

→ Erlebnisse sind stets individuell geformte Bausteine, die einer subjektiven Wertung unterliegen. Eine objektive einheitliche Bewertungsskala des Erlebnisses kann es nicht geben. Jeder macht sich zu einer Situation sein eigenes Bild.

→ Erlebnisse sind persönliche Erfahrungen, die aber berechtigte Hoffnung auf Veränderungen geben. Ein mit allen Sinnen eingeprägtes Bild weist einen hohen Memoryeffekt auf und kann entsprechenden Einfluss auf die Lebensführung nehmen – denn wir greifen zurück auf unseren Erfahrungsschatz.

→ Erlebnisse sind immer praktisch orientiert, sie berücksichtigen in ihrer direkten Wirkung den ganzen Menschen, seine psychische und physische Ebene. Die ganzheitliche Wirkungsebene wird auch dann gewahrt, wenn auf der einen Seite nur der psychische und auf der anderen Seite nur der physische input gesucht wird. Die Psycho-Neuro-Immunologie belegt, dass allein die Einstellung zu den Dingen (Glaubensfaktor oder Placebo) mit annähernd 70 Prozent eine hohe Therapiewirkung ausweist. Andererseits kann aber auch die rein motorische Aktivität der Muskulatur im Sinne eines geistigen Joggings zur Verbesserung des Neuzeitgedächtnisses beitragen, welches verantwortlich ist für die bewusste Erinnerung und das bewusste Lernen.

Erlebnispädagogik ist eine »Lustbarkeit« nach langer Entbehrung und Ohnmacht, wie der Philosoph Friedrich Nietzsche bereits erkannte. Erlebnisse sind das »Frohlocken einer wiederkehrenden Kraft des neu erwachenden Glaubens an das Morgen und Übermorgen«. Ermunterung und Zuversicht prägt die neue Präventivmedizin. Über Erlebnisfähigkeit findet der Mensch wieder Mut und Hoffnung – und dies auch in Zeiten der Hoffnungslosigkeit, der Krankheit und Depression. Jeder medizinische Ratschlag lebt von dieser Hoffnung. Hoffnung kann den Menschen regelrecht beflügeln. Wird dagegen ein Krankheitsbild für die nahe und ferne Zukunft negativ interpretiert, so lähmt allein der Gedanke an eine düstere Zukunft.

☺ Erlebnisfähigkeit ist der fröhliche Weg in der Medizin, der die praktische Umsetzung von wirksamen Präventionsstrategien leicht macht. Bewegung in unterschiedlichen Landschaftsbildern zum Beispiel oder Bewegung mit Musik im Ausdauerbereich stärkt insbesondere das körpereigene Immunsystem, wobei Lust und Freude vor Leistung und Anstrengung stehen sollten.

- ☺ Erlebnisfähigkeit betont Erfahrungen, die einen Sinn machen, die praktisch sind und somit leicht im schnelllebigen Alltag umgesetzt werden können. In der Erlebnisfähigkeit steht der Moment im Vordergrund, die Aufmerksamkeit, die Sensibilität und die Unterscheidung des Wesentlichen vom Unwesentlichen. Rein zielorientiertes Handeln und Tun verwischt den Augenblick und lässt die Gegenwart im Zeitraffereffekt verschwimmen. Erlebnisfähigkeit ist die bewusste Gestaltung des Augenblicks, ist ein Hingucken statt Weggucken.

- ☺ Erlebnisfähigkeit schöpft aus der Kraft der äußeren Reize, wobei die bewusste Verarbeitung momentaner Situationen entsprechend bleibende Veränderungen bewirken.

- ☺ Erlebnisfähigkeit ist Vision und Philosophie zugleich. Besinnliche Strategien und ein Management der bewussten Achtsamkeit bestimmen das Vorgehen, nicht ein starres Regelwerk. Die sich einstellende Gelassenheit führt zur inneren Balance zwischen Aktionismus einerseits und Meditation andererseits.

- ☺ Erlebnisfähigkeit ist der Aufbruch zu neuen Ufern, aber nicht die Betonung des unkalkulierten Abenteuers. Das Abenteuer ist vielmehr der Überraschungsmoment, das das i-Tüpfelchen in jedem Erlebnismanagement darstellen kann.

- ☺ Erlebnisfähigkeit will Krankheiten und Operationen verhindern und ein Leben auch dann noch lebenswert machen, wenn das Kind bereits in den Brunnen gefallen ist; wenn krankhafte Veränderungen den Aktionsradius einengen; wenn es darum geht, selbst bei Vorschädigungen das Optimale aus dem Körper herauszuholen.

☺ Erlebnisfähigkeit sucht nicht den momentanen Kick, sondern eine körperliche und geistige Renaissance, die den Alltag verändert und Maßnahmen favorisiert, die ohne großen Zeitaufwand, aber überaus wirksam mit Lust und Laune ein Leben lang umgesetzt werden können.

☺ Erlebnisfähigkeit steht für Hand und Fuß, das heißt, für Handeln und Tun, nach dem Motto »Das Leben ist Bewegung – Bewegung ist Leben«. Und sie steht für Herz und Verstand – für das Verstehen, Begreifen, Lernen und Lenken sowie für die Liebe, die alles umfasst und alles verbindet.

☺ Erlebnisfähigkeit ist die Optimierung von Bewegung, Liebe, Glück und Schönheit in unserem Leben, wobei es für jede menschliche Existenz einen Anfang und ein Ende gibt. Menschliches Leben ist deshalb kostbar, weil es zeitlich begrenzt ist. Erlebnisfähigkeit füllt es mit Inhalten und macht es wertvoll.

Rituale – wirksame Antistress-Strategien

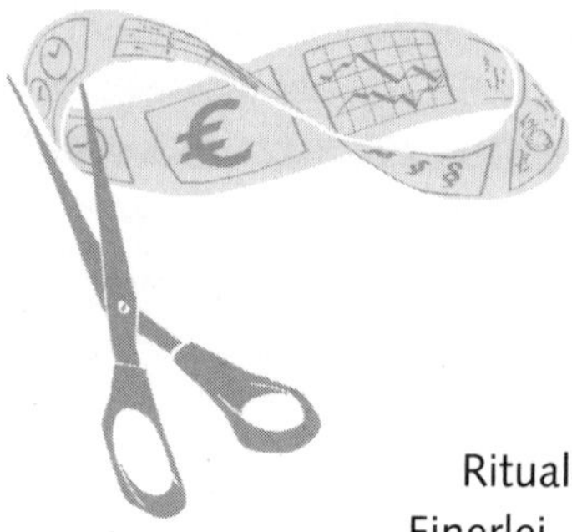

Rituale sind Lichtsignale im täglichen Einerlei, die uns die Richtung zu mehr Gesundheit, Leistung, Elastizität und Ausdauer weisen. Sie bringen rhythmische Struktur ins Leben und bewirken ein achtsames Bewusstsein, das uns in die Lage versetzt, eigenverantwortlich mit unserer Gesundheit umzugehen. Und genau das brauchen wir, wenn wir heilsame Strategien gegen Stress entwickeln wollen.

Zwar geht es auch bei Ritualen um Wiederholungseffekte, aber durch ihre speziell aufgebauten Inhalte und ihre Fokussierung auf die Achtsamkeit haben sie zutiefst positiv-prägenden Charakter, der sich insbesondere für gesundheitliche Belange nutzen lässt. Führen wir ein Ritual aus, wird dabei bevorzugt die rechte Gehirnhälfte angesprochen. Und da dies stets mit entsprechenden Bildinformationen einhergeht, können wir – wie schon im vorangegangenen Kapitel erwähnt – das Erlebte besonders gut und lange erinnern. Die Wiederholung der Wiederholung schafft außerdem Vertrautheit bzw. Selbstvertrauen und lässt demzufolge Sorgen und Ängste kleiner werden.

Da wir gemeinhin ein Leben im Eiltempo führen, macht zunehmender Stress immer häufiger atemlos, und ein Leben in ständiger Beschleunigung verliert irgendwann seinen Sinn. Rituale sind äußerst praktisch und ergeben einen Sinn! Und sinnvolle Strategien wiederum motivieren, bringen Freude in den Alltag und sorgen für eine positive Grundstimmung. Sie sind Labsal für Körper, Geist und Seele.

Schon Carl Gustav Jung wies daraufhin, dass Rituale unsere Triebenergie in geordnete Bahnen lenken, sodass geistige Energie den notwendigen Antrieb für Leistung und Arbeit ermöglicht, und konstatierte: »Ohne Rituale ist das Leben leer und sinnlos, alles ist nur noch banal, alles dreht sich ausschließlich um Arbeit, Freizeit und Vergnügen. Der Mensch braucht für seine Gesundheit etwas, das größer ist als er selbst, er braucht die leuchtende Kraft der Rituale.«

Damit Rituale tatsächlich wirken, benötigen sie allerdings auch Regelmäßigkeit und eine gewisse Disziplin, damit sich ihre heilende Kraft voll entfalten kann. Wichtig ist aber, zu erkennen: Auch ein noch so gutes, vielleicht von außen vorgegebenes Ritual muss individuellen Bedürfnissen angepasst werden! Denn jedes Ritual ist Ausdruck eines persönlich geformten Verhaltensmusters, das nur dann mit Leichtigkeit praktiziert werden kann, wenn jeder für sich den passenden Rhythmus findet. Jedes von außen auferlegte Diktat, jeder Zwang steht möglichen Heilungsvorgängen im Wege.

Deshalb: Nehmen Sie sich die Freiheit, auch die Rituale in diesem Buch nach Ihren Bedürfnissen zu gestalten! Finden Sie heraus, was Ihnen wirklich gut tut, und handeln Sie danach – aber dann auch bitte mit der schon erwähnten Regelmäßigkeit und Achtsamkeit. Auf diese Weise haben Sie die größte Chance, die unterschiedlichen Rituale sinnvoll und gewinnbringend für Ihr Wohlgefühl und für Ihre Gesundheit einzusetzen.

Das Schöne dabei ist: Alle Rituale können problemlos erlernt werden, weil sie ein leichtes Handling aufweisen. Sie lassen sich ohne größere Umstände umsetzen und in Alltagskleidung ausführen – rund um die Uhr, zu Hause, unterwegs oder am Arbeitsplatz. Und sie brauchen wenig Zeit.

Vielleicht haben Sie auch den Wunsch, das ein oder andere Ritual gemeinsam mit anderen in der Familie oder am Arbeitsplatz durchzuführen? Auf diese Weise wird das Gemeinschaftsgefühl bestärkt; die gemeinsame Handlung schafft Vertrauen und weckt die Freude am Gestalten einer bestimmten Stunde des Tages, einer schöpferischen Pause.

- → Rituale sind symbolische Handlungen im Alltag
- → Rituale sind praktisch und bringen Freude
- → Rituale sind zielorientiert und schaffen Klarheit
- → Rituale schaffen durch Wiederholung Vertrautheit, denn in der Gewohnheit lebt unsere Seele
- → Rituale sind gesundheitsfördernd
- → Rituale sind leistungsfördernd
- → Rituale haben einen tieferen Sinn
- → Rituale geben Halt im Leben
- → Rituale bauen Sorgen und Ängste ab
- → Rituale sind konkrete Lebenshilfe
- → Rituale sind perfekte Lebenshilfe gegen Stress

Auf den folgenden Seiten stellen wir Ihnen *9 Rituale* zu unterschiedlichen Themen vor, mit denen Sie eine Vielfalt von Erfahrungen machen können, dem alltäglichen Stress ein Schnippchen schlagen und Körper, Geist und Seele wieder in Balance bringen. Wir wünschen Ihnen viel Freude beim Ausprobieren und Experimentieren!

Guten-Morgen-RITUAL

Jeder Sportler weiß um die Bedeutung des Warmmachens vor dem Wettkampf. Und weil er damit gute Erfahrungen macht, wird dies zu einem stets wiederkehrenden Ritual vor dem Einsatz. Profis sind von ihrem individuellen »Warm-up-Zeremoniell« voll überzeugt, weil sie dadurch Leistungen steigern und Verletzungen verhindern können.

Grundsätzlich anders verhält sich der Mensch beim morgendlichen Start in den Tag. Von einer kleinen Reck- und Streckbewegung einmal abgesehen, springt er meist nach dem Weckerklingeln aus dem Bett und ist immer wieder irritiert, wie steif der Rücken, die Gelenke, ja die gesamte Muskulatur noch sind oder sogar schmerzen. Denn im Allgemeinen geht man davon aus, dass sich die Muskulatur während des Schlafs entspannt und nach dem Aufstehen also locker sein müsste. Dem ist nicht so. Im Laufe des Lebens nimmt der Bewegungsschmerz der Gelenke sogar noch zu, weil durch die monotonen Belastungen degenerative Verschleißprozesse nur schwer aufzuhalten sind. Es kommt zur Arthrose – für die Betroffenen ein schmerzhaftes Schreckgespenst. Doch auch und gerade bei Verschleißerscheinungen ist Bewegung äußerst notwendig, sofern das rechte Maß gefunden wird.

Gelenkarthrosen, besonders im Rücken, in den Knie- und Hüftgelenken leben von der optimalen Bewegungsbelastung, weil jede längere Ruhigstellung den degenerativen Prozess weiter fortschreiten lässt. Ein so genannter Initialschmerz macht sich schon bei längeren Sitzpausen im Auto, im Zug oder im Bus bemerkbar. Bei einer Kniegelenksarthrose beispielsweise sind die ersten Schritte holprig und hinkend, bis nach einer gewissen Bewegungsanpassung der Beuge- und Streckvorgang leichter vonstatten geht. Schon beim langen Sitzen ist man also gut beraten, die letzten fünf Minuten vor dem Aufstehen das lädierte Gelenk über gezielte Streck- und Beugebewegungen durchzubewegen – auf diese Weise kann der lästige Initialschmerz in Grenzen gehalten werden. Dieses Vorgehen empfiehlt sich aber auch nach längerer Nachtruhe für unseren sitzgeplagten Rücken sowie für alle Bein- und Armgelenke.

Arthrosen wollen bewegt werden – aber richtig.

Wir starten also morgens beim ersten Weckruf nicht gleich mit einem Sprung ins »kalte Wasser«. Das *Guten-Morgen-Ritual* sieht Ihr persönliches Warm-up-Programm bereits in liegender Position im Bett vor. Es wird zu einem belebenden dynamischen Krafttraining mithilfe des Rückenrodeos. Ein Übungsteil (Set) besteht jeweils aus 7 Anspannungsphasen (Repetitionen) des Rückens und des Beckenbodens. Sie heben die untere Wirbelsäule von der Matratze ab und rotieren das Becken leicht nach vorn. Beim Rückenrodeo im Liegen sind die Kniegelenke leicht angezogen. Planen Sie bei diesem Krafttraining 3 bis 5 Durchgänge. (Die Stabilisierung des Rückens durch das Rückenrodeo nach dem Sitzen zeigen wir Ihnen auf Seite 88 f.). Und los geht's:

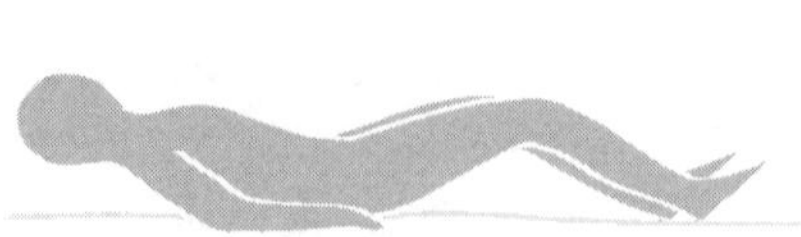

Nach dem Rückenrodeo im Liegen folgt zur Dehnung der unteren Rückenmuskulatur über jeweils 7 Sekunden die Entspannungshocke im Liegen: Beide Unterarme ziehen maximal die Kniegelenke zur Bauchwand, wobei der Kopf nach vorne angehoben wird.

In der halben Hocke ist ein Bein gestreckt, das andere Bein wird über 7 Sekunden mit beiden Händen zur Bauchwand gezogen.

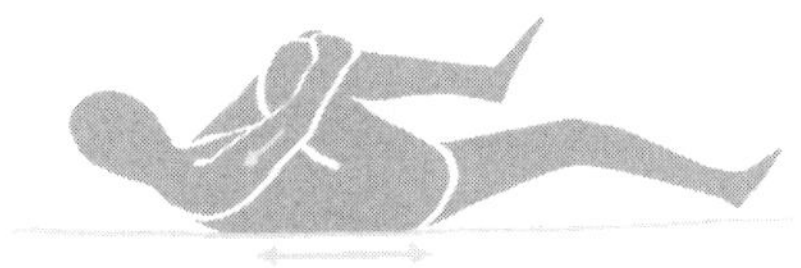

Beim langen Liegen verschieben sich häufig die hinteren kleinen Wirbelgelenke (Facetten) der Wirbelsäule. Über ein eigenes Mobilisationsmanöver im Bett können Sie diese Wirbelgelenke wieder einrichten: Sie liegen auf dem Rücken und heben beide Kniegelenke bis zur 90-Grad-Beugestellung an, die Oberschenkel stehen senkrecht. Die Arme sind seitwärts ausgebreitet und halten den Rücken fest auf der Matratze. Nun legen Sie behutsam einmal die Kniegelenke zur linken Seite und anschließend zur rechten Seite und wiederholen diesen Vorgang 2- bis 3-mal.

Jetzt stehen Sie rückenschonend auf: Sie drehen sich auf die Seite, die obere Hand stützt vor dem Körper auf der Matratze auf und drückt über einen halben Liegestützvorgang den Oberkörper nach oben.

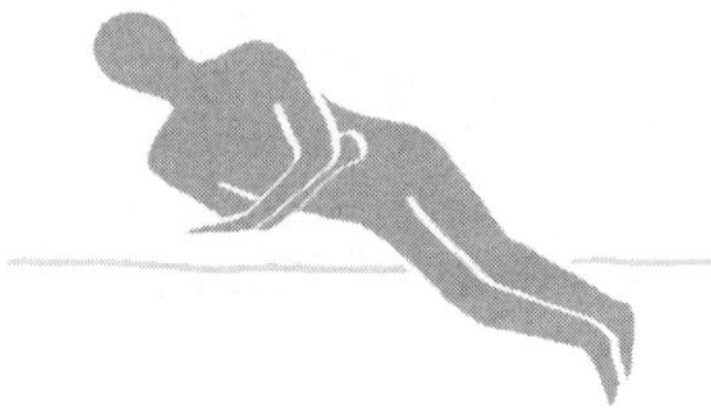

Vor der Matratze angekommen, stehen Sie nicht gleich auf, sondern Sie hängen vielmehr die Wirbelsäule am Matratzenrand über das so genannte *Hängebrücken-Ritual* auf (siehe auch Seite 55 ff.): Über 10 bis 20 Sekunden stützen Sie den Oberkörper mit beiden Ellenbogengelenken auf der Matratze ab – das Becken schwebt dabei ein wenig über dem Fußboden.

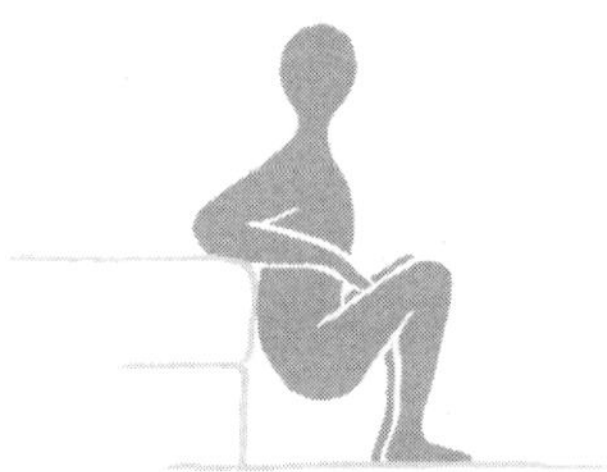

Zur Dehnung der häufig verspannten rückwärtigen Oberschenkelmuskulatur praktizieren Sie den so genannten Känguruspagat (siehe auch Seite 101): Sie stützen aus der Ellenbogenauflage heraus mit beiden Händen den Oberkörper auf der Matratze ab. Das eine Bein wird nach vorn gestreckt und der Fuß maximal zum Körper hingezogen. Über eine verstärkte Ellenbogenstreckung führen

Sie den Oberkörper nun maximal nach vorn und versuchen, das Kinn auf das gebeugte Knie zu legen. Wiederholung Gegenseite – bei jeweils 7 Sekunden Dehnungszeit.

Zur Stärkung der Oberarmstreckmuskulatur praktizieren Sie jetzt den Liegestützvorgang rückwärts. Mit den Armen streichen Sie den Körper 7-mal hinauf und hinunter.

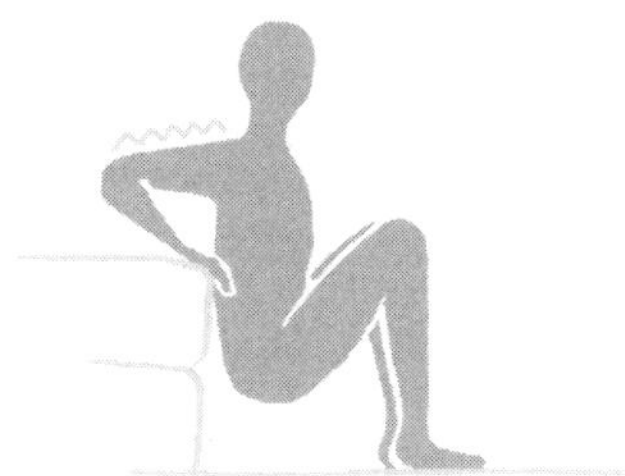

Sie setzen sich seitlich zur Matratze und praktizieren zur Dehnung der Hüftbeugemuskulatur das so genannte Storchenbein im Sitzen: Mit der äußeren Hand erfolgt ein Zug auf den äußeren Fußrücken und eine maximale Hüftstreckung. Wiederholung Gegenseite. Zirka 7 Sekunden Dehnungszeit.

Zur Dehnung der inneren Oberschenkelmuskulatur (Adduktoren) legen Sie sich mit dem Rücken zurück auf die Matratze. Mit beiden Händen fassen Sie die Knöchelgelenke und ziehen beide Füße zum Körper hin, wobei gleichzeitig die Ellenbogengelenke die Kniegelenke maximal nach außen drücken. 7 Sekunden Dehnungszeit.

Noch einmal stützen Sie den Körper mit den Ellbogen nach hinten auf der Matratze ab: Bewegen Sie zunächst den rechten Arm und dann den linken Arm maximal nach hinten und legen Sie beide Hände auf den Handrücken. Aus dieser Stellung heraus versuchen Sie, den Oberkörper maximal nach vorn zu verlagern, ebenso Becken und Kniegelenke, gleichzeitig heben Sie die Fersen an.

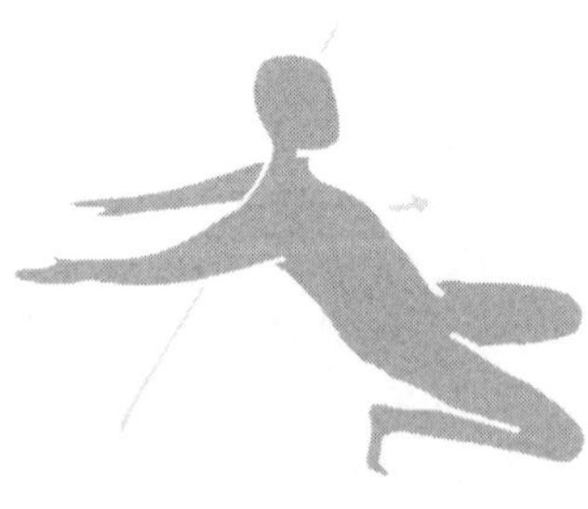

Sie sitzen am Matratzenrand und stützen seitlich am Becken beide Arme auf den Handflächen ab – die Finger weisen nach hinten, die Daumen nach außen. Damit erreichen Sie eine Dehnung aller Fingerbeuger. Zur Dehnungsverstärkung werden Schultern und Arme nach hinten genommen.

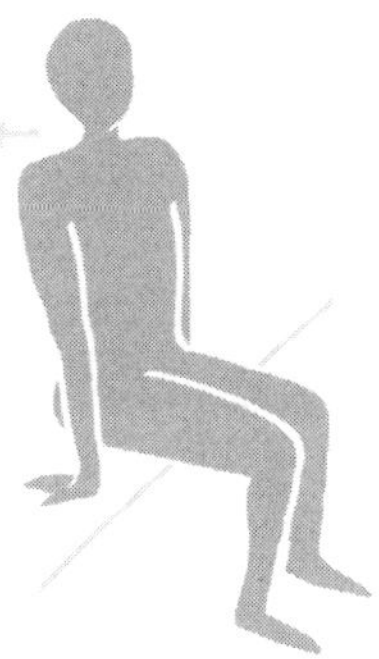

Erst jetzt verlassen Sie die Matratze und nun wird der Türrahmen zur ausgezeichneten Trainingshilfe, um die Schultermuskulatur einschließlich der Fingerbeuger zu dehnen: Sie stehen mit dem Rücken zur Türöffnung und legen in Schulterhöhe beide Hände in den Türrahmen. Die Daumen weisen nach oben. Zur Dehnungsverstärkung begeben wir uns in eine leichte Kniebeugestellung. Das ist der so genannte Türlift.

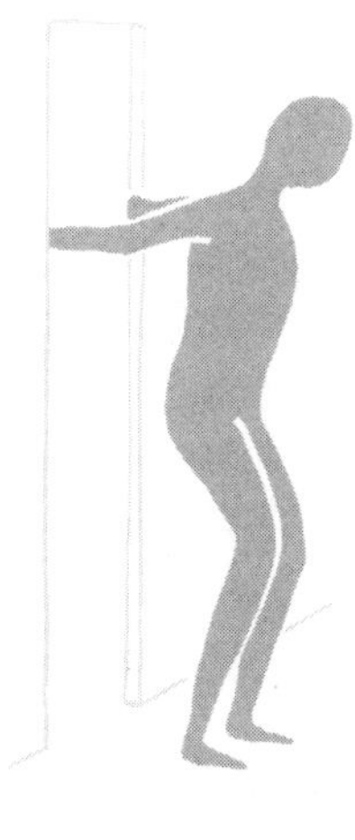

Der Türlift geht nun weiter nach unten, bis die Kniegelenke eine 90-Grad-Beugestellung aufweisen. Dadurch erfolgt eine weitere Dehnungsverstärkung in den Schultergelenken.

Alle, die inzwischen richtig Gefallen an dieser Bewegung gefunden haben und entsprechend geübt sind, können sich zum Abschluss noch ganz genüsslich in die tiefe Entspannungshocke begeben und damit das Guten-Morgen-Ritual beenden. Nähere Informationen zu dieser Hocke – auch Saigonhocke genannt – siehe Seite 60 ff.

Guten-Morgen-Ritual

Täglicher Morgenstart in Minuten gegen Muskel- und Gelenkstress – im Bett, vor dem Bett, im Türrahmen. Optimale Muskel- und Gelenkvorbereitung auf unterschiedliche Tagesbelastungen. So starten Sie elastisch in den Tag.

Hängebrücken-
RITUAL

Hängebrücken imponieren durch ihre einfache Konstruktion, durch ihr hohes elastisches Verhalten. Flexibel und sprungfederartig reagieren sie auf äußeren Druck. Jeder Fußtritt versetzt sie in Schwingung und nicht einmal ein Erdbeben kann ihnen etwas anhaben.

Wie können auch wir unsere Wirbelsäule in eine Hängebrücke umwandeln? Wie können wir auf möglichst einfache Art die ständige Überbelastung ausschalten und die negativen Druckkräfte in eine positive Zugentlastung verwandeln?

Auch unsere Bandscheiben sind keine unverwüstlichen Stoßdämpfer. Wie beim Auto kommt es durch ständigen Überdruck zu Materialschäden. Dieser Prozess geht dann so weit, bis eines Tages wie der Blitz aus heiterem Himmel ein Bandscheibenvorfall eintritt. Durch den ständigen Druck zermürbt, verformen sie sich, verlieren an Höhe und weichen auf den Überdruck zur Seite aus – der Bandscheibenschaden wird zum Problem. In unmittelbarer Nähe zur Bandscheibe verlaufen wichtige periphere Nerven, die den zusätzlichen Verdrängungsprozess nicht tolerieren. Schmerzen, Muskelverspannungen, Bewegungseinschränkungen, Sensibilitätsstörungen sind die Folge.

Auch durch eine übliche Tagesbelastung verlieren die Bandscheiben an Höhe und geraten unter Druck, denn der Körper –

der bekanntlich zu einem Großteil aus Wasser besteht – verliert durch seine ständige Aktivität Wasser und wird unter Belastung im Laufe des Tages deshalb 2 bis 3 cm kleiner. Die entsprechende Druckentlastung während des Schlafs kehrt diesen Prozess ins Gegenteil um – die Bandscheiben nehmen in der Nacht Flüssigkeit auf, sie erweitern sich, der Körper wird 2 bis 3 cm größer.

Am Tag, unter Dauerbelastung, ist jedoch Stress für den gesamten Rücken angesagt – und das ein Leben lang. Wie bei den Autoreifen verlieren auch die Bandscheiben ihr Profil, bis schließlich nur noch die »nackten Felgen« übrig sind, sodass eine ordnungsgemäße Stoßdämpferfunktion nicht mehr aufrechterhalten werden kann. Im Gegensatz zu den Autorädern sind jedoch die Bandscheiben unersetzlich. Es gibt keine optimalen Ersatzteile und reparieren kann man sie auch nur unvollkommen. Im Gegensatz zum KfZ-Schlosser sind Orthopäden arme Handwerker, regelrechte Flickschuster, denn ihr Service beschränkt sich vornehmlich auf das Entfernen der unbrauchbar gewordenen Verschleißanteile, und die Ersatzteilchirurgie kommt nur spärlich voran. Bandscheiben im Rücken sowie der Innen- und Außenmeniskus am Knie sind regelrechte Schwachpunkte im menschlichen Getriebe. Wenn jedoch keine eigene Sauerstoffleitung vorhanden ist, kann der Körper von sich aus nichts reparieren und wieder gutmachen.

Druckreduzierung der Bandscheiben lautet das Gebot der Stunde, besonders bei monotoner Sitzarbeit. Im Sitzen drücken 120 kp auf den untersten Bandscheibenraum, wobei diese Kompressionsstufe im Stehen kaum vermindert wird. Jede Druckbelastung kann jedoch durch Zugentlastung ausgeglichen werden. Am einfachsten wäre es, den menschlichen Körper an den Armen oder – was auch bei bestimmten Rehabilitationsmaßnahmen versucht wird – an den Beinen aufzuhängen, wobei diese Methoden bei den Naturvölkern als Folter eingesetzt wurden.

Das vertikale Aushängen des gestreckten Körpers bringt jedoch keinen entscheidenden Gewinn für die druckbelasteten Bandscheiben, vor allem nicht im Bereich der unteren Lendenwirbelsäule. Verantwortlich für die zu geringe Druckentlastung der Wirbelsäule sind die gestreckten Hüftgelenke, weil in dieser Position zwischen Wirbelsäule und Becken gleichzeitig der Hüftlendenmuskel (M.iliopsoas alias Mr. I) regelrecht in die Länge gezogen wird. Die Längenerweiterung des Mr. I. bewirkt aber gleichzeitig eine verstärkte Hohlkreuzstellung der Lendenwirbelsäule, weil dieser Muskel seinen Ursprung betont von den Lendenwirbelkörpern 1 bis 4 nimmt. Will man also eine wirksame Zugentlastung auf die gesamte Wirbelsäule erreichen, so ist unbedingt eine Hängeposition anzustreben, in der die Hüftgelenke wie in der Hockstellung gebeugt sind, sodass es nicht zu einer Zugwirkung auf den eben geschilderten Hüftlendenmuskel kommen kann! In der täglichen Praxis wird dies leider oft außer Acht gelassen.

Gehen Sie deshalb vor dem Hängebrücken-Ritual in die tiefe Entspannungshocke, weil dadurch insbesondere die Lendenwirbelsäule entlastet wird.

Die einfachste Form der optimalen Bandscheibenentlastung beim langen Sitzen geschieht daher in einer hängenden Hockposition: Stützen Sie die Ellenbogengelenke auf der Sitzfläche ab und lassen Sie bei stark gebeugten Beinen das Becken ein wenig über dem Boden schweben.

Das Hängebrücken-Ritual ist die wirksamste Druckentlastung für die Wirbelsäule, wobei diese Stellung problemlos mehrmals täglich über jeweils 10 bis maximal 20 Sekunden durchgeführt werden kann. Mit dem Hängebrücken-Ritual können Sie morgens bereits am Bettrand beginnen, diese Stellung bei jeder Gelegenheit am Arbeitsplatz wiederholen und sogar abends beim Fernsehen lässt sich dieses Ritual wunderbar einbauen.

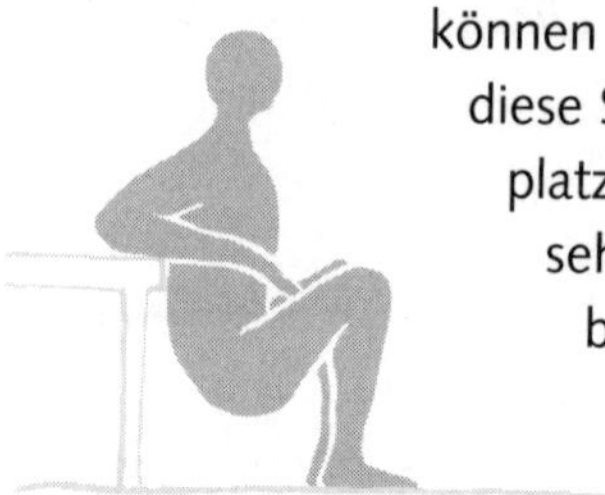

Aus der Sitzposition bewegt man sich dann problemlos über einen so genannten Liegestützvorgang rückwärts in die tiefe Hockstellung: Rutschen Sie an den vorderen Sitzrand, stützen Sie mit beiden Händen an der vorderen Sitzfläche den Oberkörper ab, beugen Sie die Ellenbogengelenke und legen Sie nacheinander den rechten und linken Ellenbogen auf die Sitzfläche. Der Liegestützvorgang rückwärts wird besonders von Frauen bevorzugt, denn dieses Training trägt dazu bei, dass die rückwärtige Oberarmmuskulatur gekräftigt, also gut gerundet und geformt wird. Und das mögen auch kurzärmelige Sommerblusen.

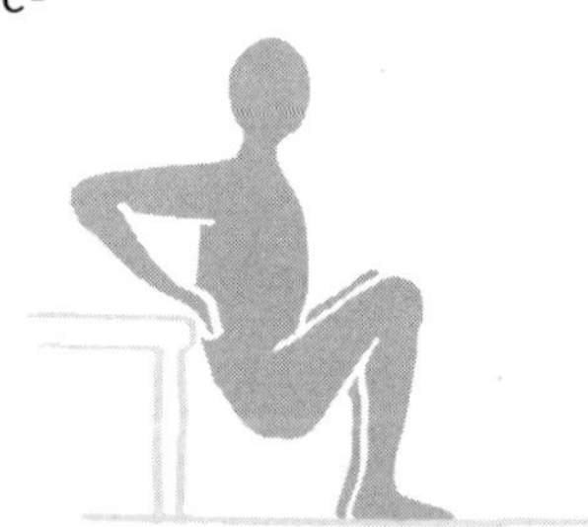

Aus der tiefen Liegestützposition lassen sich ergänzend die häufig verkürzten Kniebeugemuskeln optimal über den so genannten Känguruspagat (siehe Seite 101) dehnen: Ein Bein wird im Kniegelenk maximal gestreckt und die Fußspitze so stark wie möglich zum Körper gezogen. Das andere Bein wird aufgestellt. Über die Armstreckung versuchen Sie nun, mit dem Kinn das gebeugte Knie zu erreichen. Wiederholung Gegenseite. 7 Sekunden Dehnungszug.

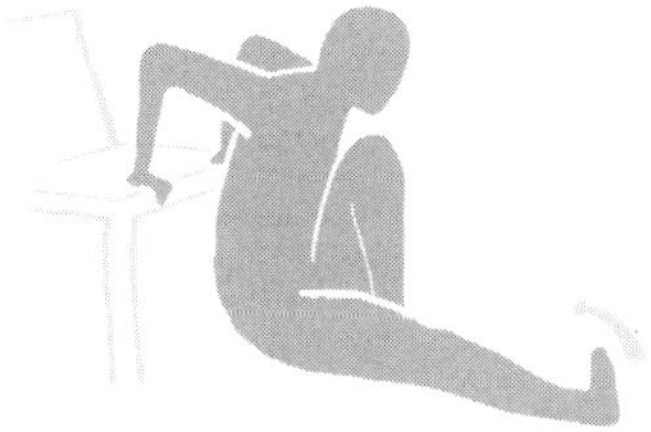

Zur Dehnung der Hüftbeuger und der Oberschenkelstreckmuskulatur sitzen Sie schräg vor einem Sessel oder Stuhl und ziehen mit der Hand den Fuß in Höhe des Knöchels nach hinten. Diese so genannte Storchenbeinposition im Sitzen ist wichtig für die Druckentlastung der unteren Bandscheibenräume, weil damit insbesondere die Stressspannung aus den Hüftbeuge-Oberschenkelstreckmuskeln beseitigt wird.

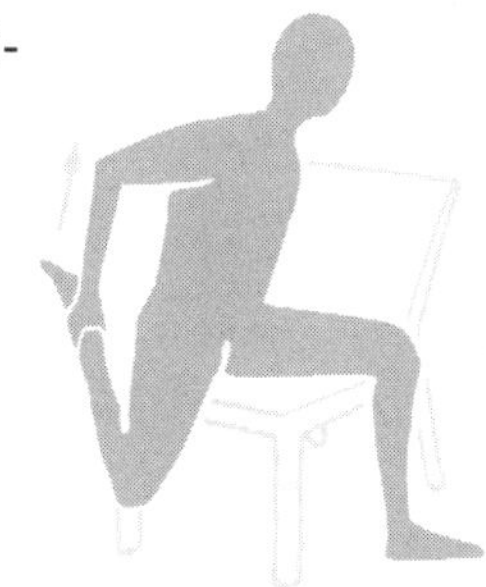

Hängebrücken-Ritual

Das Aushängen der Wirbelsäule in Hockposition ist Labsal für Ihren Rücken. Die Bandscheiben erfahren auf diese Weise eine wirksame Druckentlastung. Im Sitzen beträgt der Bandscheibendruck 120 kp. Im Hängebrücken-Ritual 0 kp. Mit dem Hängebrücken-Ritual können wir optimal jede Pause schöpferisch gestalten.

Kokon-RITUAL

Seidenraupen hüllen sich in ihren Kokon und trotzen der widrigen Umgebung dank dieser Schutzhülle. Schnecken ziehen sich bei Gefahr in ihr Schneckenhaus zurück und der Igel igelt sich ein, wenn ihm ein kläffender Hund zu nahe kommt.

Und wie ist die Schutzhülle des Menschen beschaffen, bei äußeren Attacken, in Gefahrensituationen, unter Stresseinfluss? In der Regel sind wir widrigen Situationen schutzlos ausgeliefert und die ausgleichenden Kampf- und Fluchtwege gegen Stress sind nahezu verschlossen. Der Adrenalinkick nach einem kritischen Überholmanöver auf der Autobahn muss heute im Sitzen verarbeitet werden. Im Wiederholungsfall geht das jedoch zulasten des gesamten Herz-Kreislauf-Systems.

Stress pur erlebten wir mit unserer Tochter auf einer extremen Bergtour in Graubünden in 2500 m Höhe, als aus heiterem Himmel ein Gewitter auftauchte und rund um uns herum die Blitze tobten. Hoch aufgerichtet wären wir auf dem Bergrücken ein optimaler Blitzableiter gewesen. In dieser Notfallsituation blieb uns nur der Rückzug in unseren Kokon, nämlich in die »Saigonhocke« (siehe Seite 54). Sie war die körperliche Schutzhülle, um dem tobenden Unwetter eine möglichst geringe Angriffsfläche zu bieten.

Die tiefe Entspannungshocke ist die Position, die wir neun Monate lang im schützenden Uterus eingenommen haben und die deshalb tief in unserer Erinnerung verborgen ist. Gegen Ende des vierten Schwangerschaftsmonats tritt das Ohr als unser erstes Sinnesorgan in Erscheinung, der Embryo beginnt zu hören. Das Ohr mit seinem vestibulären Nervensystem ist aber auch in der Lage, die Gliedmaßenstellung und die Extremitätenbewegungen zu steuern, sodass hierüber ein Bewusstsein von Bewegungen und Gelenkstellungen geschaffen wird. Vorherrschend in dieser Phase der kindlichen Entwicklung ist die intrauterine Hockstellung, sie ist die optimale Körperstellung, die für Entspannung und Erholung steht. Da wir uns so gut an sie erinnern, können wir mit ihr zeitlebens äußeren Gefahren und Stress auf körperlicher Ebene hervorragend begegnen. Denn hoch aufgerichtet bieten wir der Welt den größten Widerstand, aber auch zahlreiche Angriffsflächen.

Schon eine alte Mönchsregel weist beim meditativen Gebet auf die entspannende Hockstellung hin: »Begib dich zum tiefen Gebet in die Hocke, zur Erleichterung dient ein tiefer Hocker, der deine Fersen entlastet.« Alle Naturvölker praktizieren diese natürliche Entspannungshocke. Seit meiner Zeit als Chirurg im Vietnamkrieg wird sie von mir als Saigonhocke bezeichnet. Verständlicherweise sind für mich die Vietnamesen die eigentlichen Weltmeister der Konkon-Position. Denn in diesem Land ist diese Körperhaltung allgegenwärtig – auf Märkten, bei der Gartenarbeit, während der Mittagspause, auf der Straße, ja sogar im Schlaf.

Die Saigonhocke als *Kokon-Ritual* ist nicht nur eine meditative Grundhaltung, sie ist auch Prävention für den Rücken, für die Kniegelenke und speziell für die Achillessehnen. In dieser tiefen Körperhaltung werden – so ganz nebenbei – die tiefen unteren Rückenmuskeln und die Achillessehnen gedehnt, die in unseren Breiten unter Stresseinfluss ständig verkürzt und Ursache häufiger Verletzungen bzw. Erkrankungen sind. Besonders der Rücken wird vom Sitzstress gekrümmt, aber auch Sorgen und Ängste tragen zu schmerzhaften Kreuzbeschwerden bei.

Praktizieren Sie mehrmals täglich Ihr Kokon-Ritual und halten Sie die jeweilige Position mindestens 7 Sekunden. Mit jeder Saigonhocke fahren Sie Ihre Antennen ein und sind nicht ständig auf Sendung. Zur Auswahl stehen die Hocke in der Grundposition, die Saigonhocke im Liegen, vor einer Wand, auf einem Stuhl bzw. die halbe Hocke auf dem Stuhl. Experimentieren Sie mit den Positionen und nehmen Sie diejenige ein, mit der Sie sich in der jeweiligen Situation am wohlsten fühlen.

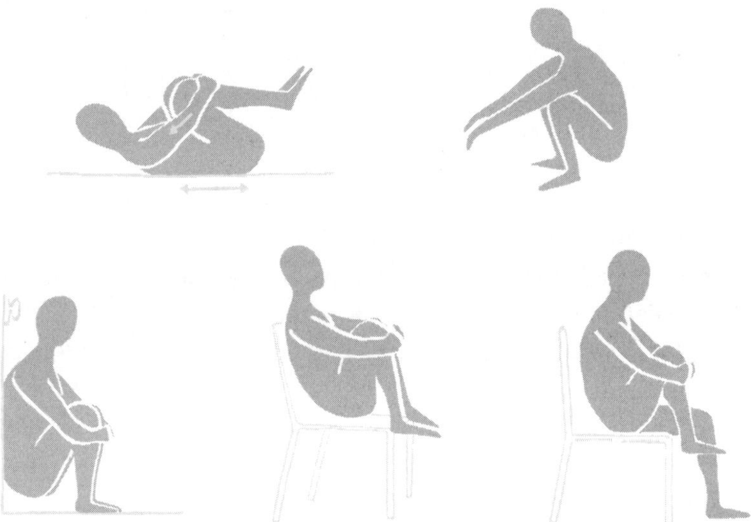

Natürlich gibt es immer wieder körperliche Hindernisse, die die Saigonhocke nicht zulassen. Gelenkarthrosen beispielsweise, besonders in den Kniegelenken, oder ein starkes Übergewicht stehen der freien Hocke im Wege. In diesen Fällen kann sie dann im Sitzen auf einem Stuhl oder im Liegen durchgeführt werden.

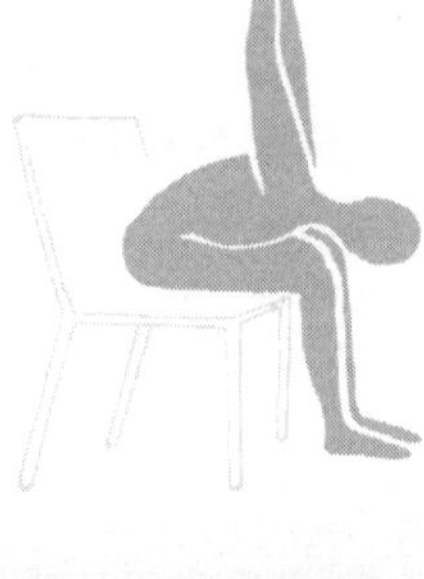

Eine andere Variation des *Kokon-Rituals* stellt die Stufenlagerung über mindestens 30 Minuten dar, mit der akute Rückenschmerzen häufig erfolgreich behandelt werden können: Aus der Rückenposition heraus legen Sie die Unterschenkel in Höhe eines Stuhlsitzes (oder einer ähnlichen Ablage) ab – und zwar so, dass die Oberschenkel einen rechten Winkel dazu bilden und der Körper in eine Stufenposition kommt.

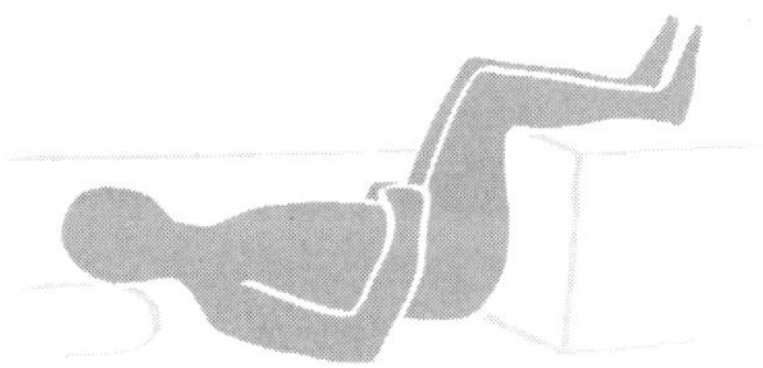

In den westlichen Ländern ist die tiefe Entspannungshocke in Vergessenheit geraten. Verantwortlich dafür ist das Gehen mit absatzbetonten Schuhen, die eine Vorfußbelastung provozieren und zu chronischen Waden- und Achillessehnenverkürzungen führen. Die logische Folge ist das Anheben beider Fersen, sobald die tiefe Hockstellung eingenommen wird, wobei gleichzeitig beide Kniegelenke nach außen rotiert werden. Dadurch wiederum wird nun insbesondere der Innenmeniskus überlastet, häufig der Beginn der gefürchteten Kniearthrose. Knie sind reine Scharniergelenke, die man nicht in Außenrotationsstellung belasten darf. Leider ist aber die »europäische Krampfhocke« bei uns weit verbreitet und nur wenige sind sich der negativen Folgen dieses Fehlverhaltens bewusst.

Das *Kokon-Ritual* der Saigonhocke ist jedoch erlernbar, wenn es gelingt, durch gezielte Dehnung den Verkürzungsstress aus Waden und Achillessehnen zu beseitigen, wie die beiden folgenden Illustrationen zeigen: Mit der Position links dehnen Sie die Waden, mit der Position rechts die Achillessehnen.

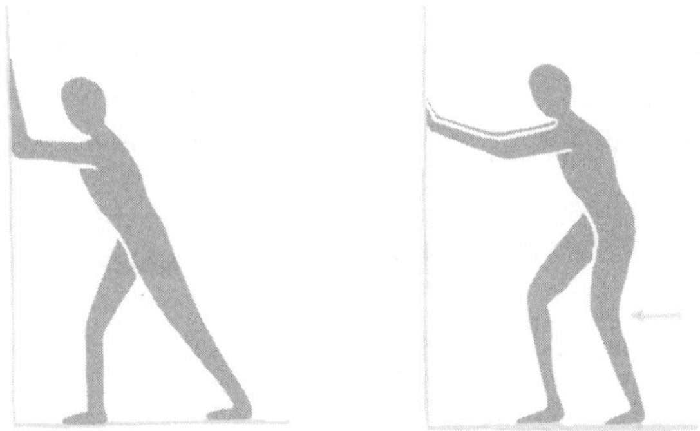

Das Kokon-Ritual ist praktisch das erste Körpertraining des Menschen in pränataler Zeit und mit dieser Begabung kommt er auf die Welt. Kleinkinder spielen deshalb auch ganz selbstverständlich in dieser Stellung. Fehlende Vorbildfunktion durch die Erwachsenen und das frühe Tragen von Absatzschuhen sorgen jedoch dafür, dass spätestens mit dem Schuleintritt die tiefe Entspannungshocke verlernt wird. Eltern sind deshalb gut beraten, ihre Kinder sooft wie möglich zum Barfußlaufen anzuhalten und ihre Kokonbegabung lobend zu bestätigen.

Kokon-Ritual

Durch eine tiefe, körperliche Entspannungshaltung kann problemlos Rücken- und Wadenstress abgebaut werden. Beide Füße parallel fest am Boden und die Kniegelenke sind nach vorn ausgerichtet.
In der Saigonhocke können Sie hervorragend meditieren. Die Entspannungshocke wirkt aber ebenso im Liegen.

Weiter-Wind- RITUAL

Wind bringt alles in Bewegung: Er lässt am Himmel die Wolken ziehen, die Meeresbrandung an den Strand dröhnen und treibt ein Segelschiff durch die Wellen. So wie der Wind ist auch das Atmen im menschlichen Körper eine Kraftquelle, durch die alle Zellen mit Sauerstoff und Energie versorgt werden. Die Atmung steht auch für Bewegung, speziell für Bewegung im Ausdauerbereich – wir haben einen langen Atem für etwas. Zur Erhaltung von Gesundheit und Leistung ist Ausdauertraining von allergrößter Bedeutung – insbesondere Stress kann durch das tiefe Atmen beim Jogging, Walking, Radeln, Schwimmen am besten ausgeglichen werden.

Atemgesteuertes Ausdauertraining ist auch die beste Möglichkeit, körperliche Überforderungen zu vermeiden. Bewegen Sie sich deshalb im Ausdauerbereich nur so schnell, dass Sie niemals atemlos werden, nach dem Motto »Laufen ohne zu schnaufen«.

Die Leistungssteuerung beim meditativen Ausdauertraining läuft atemkontrolliert über die so genannte Dreierschritt-Nasenatmung: Sie atmen mit geschlossenem Mund konsequent 3 Schritte über die Nase ein und über weitere 3 Schritte aus. Dieses so genannte einfache Totraumtraining aktiviert Ihre Atemhilfsmuskulatur und das Zwerchfell. Solange Sie über die Nase ausreichend Luft bekommen, können Sie die so genannte anaerobe Schwelle nicht überschreiten, das heißt nicht in Sauerstoffmangel geraten. Nasenatmung ermöglicht optimales Training in der aeroben Zone, das heißt, die Luft wird gereinigt, angefeuchtet und erwärmt, sodass auch entzündliche Halserkrankungen vermieden werden. Die Nasenatmung ist ein so genanntes Totraumtraining, wie bereits erwähnt, bei dem der Transportweg für den Sauerstoff zur Lunge bewusst verlängert wird. Dadurch wiederum wird die Atemhilfsmuskulatur angeregt und die Zwerchfellpumpe aktiviert, die für eine bessere Durchblutung bei Herz und Leber sorgen und auch die Magen-Darm-Passage gezielt beschleunigen.

Dieser Dreierwalzerrhythmus der Nasenatmung ist leicht erlernbar, weil er uns sozusagen auf den Leib geschrieben ist. Er macht uns unabhängig von der wiederholten Pulskontrolle mit Blick auf eine Kontrolluhr, sodass ein Training mit allen Sinnen möglich ist und beispielsweise eine Landschaft dabei in ganzer Fülle erfahrbar wird. Walking, Jogging oder Radeln im Freien wird auf diese Art zu einem meditativen Erlebnis, weil das bewusste Erleben der Synchronisation zwischen Atmung und Gehrhythmus zur allgemeinen Entspannung beiträgt. Mönche auf dem Pilgerweg nach Santiago de Compostela kannten diese geistige und körperliche Erbauung und sprachen von einem regelrechten »Beten mit den Beinen«.

Ausdauertraining, wie beispielsweise das Joggen, nimmt heutzutage in der Freizeit einen hohen Stellenwert ein, deshalb wollen wir in diesem Kapitel etwas ausführlicher darauf eingehen und zeigen, worauf Sie dabei besonders achten sollten.

Darüber hinaus machen wir Sie auch mit anderen Ausdauer-Aktivitäten und ihren besonderen Bewegungsanforderungen vertraut, die Sie gut als Ritual in Ihren Alltag einbauen können.

Beginnen wir also mit dem *Laufen:* Jogging kann regelrecht zum Genusslaufen werden, wenn es ohne Leistungsüberforderung praktiziert wird. Ohne Zeit- und Pulskontrollen ist es Stressabbau pur. Die Geschwindigkeit wird über unsere innere Uhr gesteuert, die optimal über die Synchronisation zwischen Bein- und Atemrhythmus aktiv werden kann. So entsteht ein meditatives Laufen – ein überaus wirksames Antistresstraining und eine regelrechte Sauerstoffdusche für alle Körperzellen. Unter anderen gesundheitlichen Aspekten muss das Aerobic betrachtet werden: Zwar wird auch mit dieser Bewegungsart ein Training in der sauerstoffreichen Zone angestrebt, doch durch die regelrecht einpeitschende Gruppenanimation wird die Grenze des Zumutbaren oft überschritten. Denn bei einem Anstieg des Laktatspiegels kann von Gesundheitsförderung nicht gesprochen werden. Auch das vielfach praktizierte Laufen in Gruppen ist nicht ganz unbedenklich: Gefährdet sind dabei vor allem schwächere Läufer, die durch die Zugwirkung der Leistungsstarken in eine bedrohliche Überforderung geraten können.

Laufen ist in erster Linie ein Individualsport, der sich der unterschiedlichen körperlichen Grundstimmung einzuordnen hat. Bei schlechter körperlicher Verfassung ist es deshalb manchmal ratsam, auf diesen Ausgleich zu verzichten. Andererseits hilft ein Ausdauertraining häufig aber dabei, einen körperlichen und seelischen »Durchhänger« zu überwinden, und die gute Stimmung danach ist dann der Lohn für die erbrachte Leistung. Meditatives Laufen ist Bewegung mit allen Sinnen. Was kann schöner sein, als Frühling, Sommer, Herbst und Winter in freier Luft genießen zu können?

Beim Laufen in freier Natur tauschen wir bewusst unsere helle und laute Welt gegen die Stille des Raumes ein, wobei die Synchronisation zwischen Atmung und Beinbewegung zur bewussten

Achtsamkeit des Augenblicks führt. Wir verhalten uns nicht mehr zielorientiert, sondern widmen der aktuellen Situation, dem aktuellen Erleben unsere ganze Aufmerksamkeit. Was unser Innenohr in der Freizeit braucht, ist Ruhe und Entspannung, denn die eigentliche Kraft kommt aus der Stille. Gönnen wir uns diese also bei ausgleichender Bewegung in freier Natur und erleben wir die Labsal der natürlichen Sprache des Waldes, einer Wiese oder einer wogenden Meeresbrandung.

Ausdauertraining kann als meditative Gestaltung der Stille verstanden werden. Geist und Körper können sich erholen und nachhaltig auftanken. Ausgerüstet mit dieser Kraft sind wir danach wieder in der Lage, die lauten Instrumente des Alltags zum Tönen zu bringen. Training mit allen Sinnen trägt wesentlich dazu bei, dass das Langzeit-Stresshormon Cortisol deutlich abgesenkt wird, was bei einem ehrgeizigen Sportverhalten nicht der Fall sein kann. Doch glücklicherweise ist nach den Jahren des leistungsbetonten Freizeitsports jetzt ein neuer Trend erkennbar: Eine neue Wohlfühlfitness macht von sich reden, statt eines pulsgesteuerten aggressiven Auspowerns ist jetzt ein Fitnesstraining ohne Stress gefragt.

Training mit allen Sinnen fördert bewusste Achtsamkeit und schützt vor Überforderung.

Warum ein sinnvolles Ausdauertraining heutzutage so wichtig ist, macht folgender Sachverhalt klar: Von Geburt an kommen wir als Lauf- und Bewegungswesen auf die Welt, müssen jedoch in unserer Bedienungsfunktion an unterschiedlichen Maschinen sehr schnell lernen, dass in der technisierten Arbeitswelt das Sitzen mit Inaktivität großer Muskelgruppen gefragt ist. Lediglich der rechten Hand wird dabei hohe Belastungs- und Bedienungsfunktion abverlangt. Doch leider erreicht die bewegte Muskelmasse der Hand im allgemeinen Stoffwechselprozess nicht eine so große Intensität, dass darüber zum Beispiel Herzinfarkt, Schlaganfall und der Altersdiabetes verhindert werden könnten.

Unsere wichtigste Gesundheitspille ist deshalb die tägliche Aktivität des rechten und linken Beines über zirka 30 Minuten (= Mobilisierung von $^1/_6$ der quer gestreiften Muskulatur). Über Ausdauertraining können wir ungeahnte körperliche Reserven aktivieren, es kommt zu einem ausgeprägten Wachstumsprozess im Körper, der ein Leben lang aufrechterhalten werden kann, nicht in Bezug auf die Körperlänge, sondern auf das Organwachstum. Ausdauer ist eine Leistungs- und Gesundheitsreserve im Körper, durch die wir körperliche und geistige Unversehrtheit bis ins hohe Alter erleben können. Dieses leicht verfügbare Antistress-Programm zeichnet sich durch folgende Wirkungen aus:

- Das Risiko bezüglich Herz-Kreislauf-Erkrankungen wird deutlich verringert.
- Vorsorge gegen die Arteriosklerose, gegen Bluthochdruck und Vermeidung der Spätfolgen wie Herzinfarkt, Schlaganfall und Typ-II-Diabetes.
- Absenkung der Blutfette, wobei die gute Fraktion (HDL-Cholesterin) gesteigert und die schlechte (LDL-Fraktion sowie die Triglyzeride) abgesenkt werden kann.
- Verbesserung des Immunsystems und eine allgemein verbesserte körperliche Resistenz durch gezielte Abhärtung in Frühling, Sommer, Herbst und Winter.
- Ausdauertraining bewirkt auch ein Training des Neuzeitgedächtnisses. Körperliche Aktivität trägt zur Vernetzung der Gehirnzellen über Neubildung von Neuronen bei.
- Ausdauertraining fördert die stimmungsaufhellenden Hormone mit positiver Wirkung bei Sorgen, Ängsten und Depressionen. Es wird eine Verbesserung der positiven Grundstimmung durch Anstieg von Serotonin und Dopamin erzeugt, während die Endorphine das Schmerzempfinden absenken.
- Schnellere und bessere Akklimatisierung und damit verbunden eine schnelle Eingewöhnung in neue Klimazonen (z.B. Urlaub).

Richtschnur im Ausdauerbereich ist nicht das Tempobolzen mit Auspowern über eine Stunde und nicht der nächste Städtemarathon oder der extreme Triathlonwettkampf. Wir sollten uns vielmehr auf den straffen 30-Minuten-Spaziergang konzentrieren, der für Gesundheit und Wohlbefinden einen Königsweg eröffnet. Ausdauertraining ist immer dann sinnvoll und fördernd für Gesundheit und Immunsystem, wenn die Freude am Tun im Vordergrund steht und wenn die individuelle Bewegungsbegabung berücksichtigt wird. Wir können von vier Persönlichkeitstypen beim sportlichen Training ausgehen:

→ *Athletischer Typ:* Hier stehen Jogging, Mountainbiking, Bergklettern, alpines Skifahren im Vordergrund. Ratsam sind durchaus Sportarten mit Wettbewerbscharakter, Schwimmen im Kraulstil über 30 Minuten und Triathlonwettbewerbe.
→ *Praktischer-pragmatischer Typ:* Er schätzt die Anhäufung von 15-Minuten-Bewegungsepisoden auf dem Weg von und zur Arbeit, beim Einkaufen etc. Gut geeignet sind auch das Treppentraining zur Gestaltung schöpferischer Pausen am Bahnhof, am Flughafen etc. (siehe Seite 72 f.).
→ *Sozialer Typ:* Empfehlenswert sind gemütliches Laufen in der Gruppe ohne Überforderung der Schwachen; oder eine Kombination von Ausdauertraining und Gesang – singing by walking, zum Beispiel beim Bergwandern.
→ *Romantischer-emotionaler Typ:* Training mit allen Sinnen als Individualsport in einer intakten Landschaft. Musik und Bewegung, besonders als Tanzjogging auf dem Minitrampolin (siehe Seite 73 ff.).

Bewegungsmangel stellt nach der Weltgesundheitsorganisation (WHO) und nach dem Weltverband für Sportmedizin inzwischen das höchste Risiko für die Gesundheit des Menschen speziell für Herz-Kreislauf-Erkrankungen dar. Das Herzinfarktrisiko kann um

40 bis 50 Prozent gesenkt werden, wenn mehrfach wöchentlich aerob-dynamische Aktivitäten (atemgesteuertes Ausdauertraining) durchgeführt werden. Optimal ist ein kalorischer Mehrverbrauch von 2.000 kcal wöchentlich. Dieses Vorgehen entspricht den Maßnahmen der *primären Prävention,* also einer Gesundheitsvorsorge, wenn im Körper noch keine Warnlampen leuchten, wenn noch keine Funktionsstörungen nachzuweisen sind.

In der so genannten *sekundären Prävention,* also beim Leuchten roter Warnlampen wie bei hohem Blutdruck, nachgewiesenen Fettstoffwechselstörungen, Typ-II-Diabetes und EKG-Veränderungen kommt dem Anti-Stress-Programm durch Ausdauertraining eine überragende Bedeutung zu. Regelmäßiges Ausdauertraining ist wichtig bei einem Blutdruck höher als 140/90 mm HG, bei einem HDL-Cholesterin (gutes Cholesterin) geringer als 45 mg/dl und einem Triglyceridspiegel höher als 150 mg/dl.

Wer also bereits Zeichen einer bestehenden Herz-Kreislauf-Erkrankung aufweist und wer sogar eine Rückbildung von Stenosen in den Arterien erzielen will, muss mehr tun als gelegentliches Walking oder Jogging. Um 2.000 bis 2.200 kacal wöchentlich zu verbrennen, braucht es Zeit und möglichst viele Gelegenheiten, um ein Ausdauerprogramm nicht nur im Freien, sondern auch im häuslichen Bereich zu praktizieren.

Dazu muss man wissen, dass eine 70 kg schwere Person beim Radeln über 20 km/Stunde 400 kcal verbrennt. Beim Joggen entspricht dies 6,5 km/Stunde. Und beim Tennis werden die 400 kcal nur bei einem Spiel über eine Stunde erreicht.

> 2.200 kcal im Ausdauerbereich entsprechen zirka 6-mal pro Woche 1 Stunde Bewegung im Ausdauerbereich.

Warnen möchten wir allerdings vor der monotonen Praxis beim Ausdauertraining, das heißt, wenn nur gejoggt, gewalkt oder geradelt wird. Am besten ist ein bunter Mix von wechselnden Bewegungen zwischen Laufen, Radeln, Schwimmen, Bergwandern oder Skilanglauf. Eine medizinische Botschaft lässt aufhorchen: »80 bis 90 Prozent aller Jogger haben im Verlauf ihrer Karriere Beschwerden und in der Mehrzahl der Fälle sind diese behandlungsbedürftig. Im Vordergrund stehen Rückenbeschwerden, Knie- und Achillessehnenprobleme.« Wie merkten wir bereits in diesem Buch an? »Immer dasselbe macht dumm und krank – der Mix macht's.«

Wenn über einen längeren Zeitraum Bewegungsmangel im Alltag vorherrschend war, eignen sich die schon erwähnten Bewegungsepisoden über 15 Minuten hervorragend zum Einstieg in ein Ausdauertraining. Dies können bewusst gestaltete Gehperioden im Alltag sein, zum Beispiel auf dem Hin- und Rückweg zur Arbeit: Sie steigen bewusst eine Station früher aus Bus oder Bahn aus und gestalten diese Strecke aktiv durch Gehen.

Überaus wirksam ist auch ein gezieltes Treppentraining, wenn Sie am Flughafen oder auf dem Bahnhof eine 5- bis 15-minütige Wartepause haben. Suchen Sie sich einfach eine Treppe und nehmen Sie jede Stufe sehr langsam nach der so genannten »Swingtechnik« (siehe Seite 111 ff.) – 1 Sekunde pro Stufe und rollen Sie dabei den ganzen Fuß ab. Dieses Training können Sie ganz unbemerkt von anderen vornehmen. Und Sie werden sehen – die Zeit vergeht wie im Fluge und Sie haben das Warten in Fitness verwandelt.

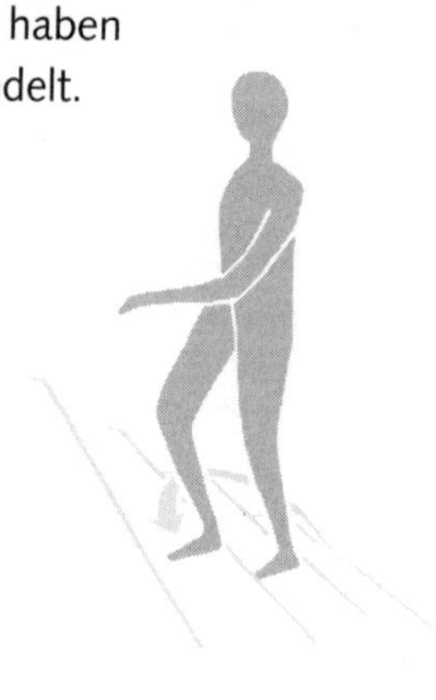

Ein anderer Einstieg in das Ausdauertraining ist die Run-and-Walk-Technik: Sie beginnen mit Ihrem Jogging von von 2 bis 5 Minuten, lassen danach straffes Gehen (Walking) folgen, bis Sie sich erholt haben, beginnen danach erneut mit dem Jogging und fahren mit diesem Rhythmus über einen Zeitraum von zirka 30 Minuten fort. Diese so genannte Intervalltechnik wird auch von Weltklasseathleten überaus erfolgreich genutzt und ist die effektivste Methode, um maximale Leistungsergebnisse zu erzielen. Handeln Sie also nach längeren Sportpausen beim Einstieg ins Ausdauertraining nach dem Prinzip: *5 Minuten laufen – 1 Minute gehen – im Wechsel.*

Auch *Tanzjogging auf dem Minitrampolin* ist ein hervorragendes Ausdauertraining und ein reines Vergnügen, einmal bedingt durch die hohe Gelenkentlastung auf dem schwingenden und schwebenden Untergrund und zum anderen, wenn durch antriebsfördernde Musik die Synchronisation der Beinaktivität gesteuert wird. Ein solches Minitrampolin lässt sich problemlos zu Hause, selbst auf kleinstem Raum, unterbringen. Tanzjogging auf dem Minitrampolin bewirkt einen hohen Muskeleinsatz der Beine, aber auch des ganzen Körpers, wobei durch zweimal 1-kg-Handgewichte mit Schlaufen das Ganzkörpertraining noch gesteigert werden kann. Bewegung wird auf diese Weise zum Laufen mit Händen und Füßen.

Die Bewegung auf dem Trampolin sollte nach der Swingtechnik erfolgen (siehe Seite 111 ff.): Die ganze Fußsohle, beginnend mit Außenkante der Ferse, wird abgerollt. Achten Sie beim Vorschwingen außerdem auf eine bewusste Streckung der Füße und Hände. Durch das Abschwingen der Matte wirken beim Abrollen des belasteten Fußes exzentrische Kräfte auf die Beinmuskulatur, was im Übrigen auch im Profisport zur gezielten Leistungsverbesserung genutzt wird. Trampolintraining entspricht zum Beispiel der Skiskatingtechnik im Langlauf. Tief- und Hochentlastungen lösen einander ab, wobei die Handgewichte den Skistockeinsatz imitieren. Auf dem Trampolin kann auch optimal der alpine Umsteigeschwung geübt werden (wie die nachfolgende Illustration rechts zeigt), sodass dieses häusliche Trainingsgerät optimal zur Vorbereitung auf den Wintersport genutzt werden kann.

Swingjogging auf dem häuslichen Trampolin ist die Paradedisziplin gegen Stress für termingeplagte Zeitgenossen, denn durch die ständige Verfügbarkeit des Gerätes kann das Ausdauertraining zu jeder Uhrzeit mit geringstem Aufwand genutzt werden. Wenn Sie dazu dann noch eine schwungvolle Musik auflegen, macht das Training doppelt Freude.

Natürlich lässt sich die Swingtechnik auch am Boden einsetzen. Und dort wirkt sie sogar meditativ, wenn Sie sich zum Beispiel bei einem Spaziergang in schöner Umgebung ganz bewusst auf die Atmung und den Beinrhythmus konzentrieren. Bei der Swingtechnik werden Wirbelsäule und Beingelenke optimal entlastet, die Beinmuskulatur, insbesondere die vorderen Schienbeinstrecker, verstärkt auf den Boden gebracht und die Verweildauer des Fußes ist länger. Ausführlicher gehen wir darauf noch ein im *7-Meilen-Stiefel-Ritual*, Seite 104 ff.

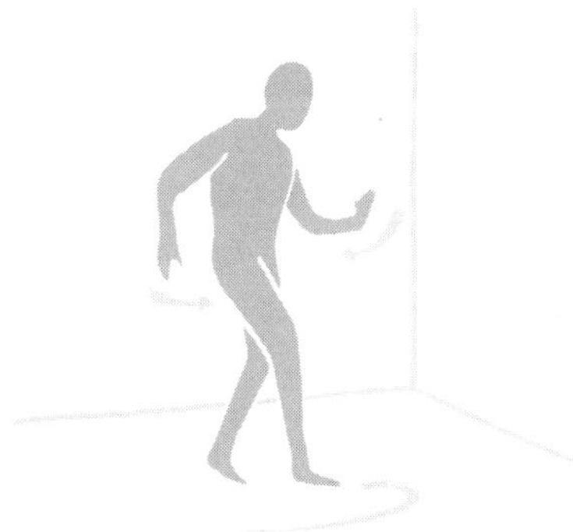

Radeln im Freien und auf dem Standfahrrad zu Hause ist besonders entlastend für die Wirbelsäule und für die Beingelenke, und zwar dann, wenn auf die runde Swingtechnik Wert gelegt wird. Sie wird ermöglicht durch die Ausrüstung der Pedale mit Schlaufen oder Magnetverschluss, weil damit ein runder Tritt erzielt wird: In der rückwärtigen Pedalumdrehung kann bewusst durch das Ziehen an der Schlaufe die vordere Schienbeinmuskulatur mit genutzt werden.

Speziell die Halswirbelsäule wird entlastet, wenn der vordere Lenkeraufbau erhöht gestaltet wird. (Beim Mountainbike- oder beim Rennlenker ist nämlich die tiefe Handstellung problematisch:

Um die Fahrbahn im Blick zu behalten, muss der Kopf ständig überstreckt werden, zu Lasten der Halswirbelsäule.) Achten Sie beim Halten des Lenkers auch auf ein gestrecktes Handgelenk, denn bei Überstreckung der Hand gefährden Sie Ihren empfindlichen Mittelhandnerv, der an der Beugeseite des Handgelenks den Karpaltunnel passieren muss und auf Druck äußerst sensibel reagiert.

Ein ausgezeichnetes Ausdauertraining ist *Schwimmen im Kraulstil mit Schnorchel.* Es sorgt für eine optimale Wirbelsäulenentlastung, weil der Kopf durch den Schnorchel während der Atmung konstant unter Wasser gehalten werden kann. Der 32 cm lange Schnorchel bewirkt automatisch eine tiefe Atmung unter Nutzung der Zwerchfellkraft und hält Ihnen im Schwimmbecken das lästige Chlorgas vom Hals. Diese Schnorcheltechnik ist auch eine mentale Erholung. Sie tauchen in die faszinierende Unterwasserwelt ab und fahren praktisch Ihre ständig überreizten Sendeantennen (Hören, Sehen, Schmecken) ein. Das funktioniert übrigens auch hervorragend im heimischen Schwimmbad.

Optimal kann die Schnorcheltechnik auch zum Aquajogging genutzt werden: Im tiefen Wasser erreicht der Wasserspiegel die Stirnhöhe und Sie sind jetzt in der Lage, die Beine in Frontrichtung (knieentlastend) gegen den Wasserwiderstand, besonders aus den Hüftgelenken heraus zu bewegen. Beim Brustschwimmen werden die Arme vor dem Körper bewegt, doch hierbei kommt es auch zu der schädlichen seitlichen Überkopfbewegung, wie sie bei diesem Schwimmstil erforderlich ist. *Merke:* Alle seitlichen Überkopfbewegungen sind eine Gefahr für die überaus empfindliche Rotatorenmanschette in den Schultergelenken und insbesondere Brustschwimmen überfordert diesen Muskelabschnitt.

Wir kommen nun zu dem bereits erwähnten *Treppentraining*: Berge und Treppen in der Aufstiegsphase sind gelenkentlastend und rückenschonend, besonders in der so genannten Swingtechnik: Gehen Sie jeden Aufstieg langsam an und wählen Sie pro Sekunde eine Stufe. In der Swingtechnik nutzen Sie den Gegenschwung, das heißt, Sie führen den Fuß leicht und schwungvoll ein wenig über die obere Stufe hinaus und rollen dann bewusst den ganzen Fuß über Ferse und Vorfuß ab, sodass die gesamte Beinmuskulatur auf den Boden gebracht werden kann.

Gehen Sie außerdem trepp- und bergab wiederholt rückwärts, denn bei zu langem Vorwärtsgehen überbelasten Sie die Wirbelsäule (Hohlkreuzposition) und besonders die Kniegelenke. Die Rückwärtstechnik ist deshalb Labsal für die Wirbelsäule und für die Beingelenke, das Sturzrisiko ist sogar wesentlich geringer als beim Vorwärtsgehen und bei jedem Schritt dehnen Sie so ganz nebenbei die Wadenmuskulatur, die Achillessehnen, ja die gesamte Fußsohle.

Und wie steht es mit dem *Tennis* als Ausdauertraining? Tennis ist eine typische Stop-and-Go-Sportart, wobei das wiederholte Abbremsen des Fußes mit hohen Gelenkbelastungen, besonders der Kniegelenke, verbunden ist. Tennis wird immer dann zu einer gesundheitsfördernden Ausdauersportart, wenn lange Ballpassagen bevorzugt werden, das heißt, wenn man sich einen Partner sucht, mit dem nicht das Punkten, sondern ein möglichst harmonischer und langer Ballwechsel im Vordergrund steht.

Ganz gleich, welches Training Sie bevorzugen: Wenn Sie das *Ritual des weiten Windes* dabei berücksichtigen, werden Sie stets darauf achten, dass Sie die Bewegung bewusst oder sogar mit betonter Langsamkeit ausführen und damit allen Sinnen die Chance geben, sich daran zu beteiligen. Mit dem *Ritual des weiten Windes* können Sauerstoff und Energie ungehindert alle Körperzellen erreichen, alle Segel sind voll entfaltet und sorgen für freie Fahrt. In dieser sauerstoffreichen Trainingszone (aerober Bereich) bleibt genug Luft und Muße, alles um uns herum voll in uns aufzunehmen, zum Beispiel eine bunte Landschaft zu genießen.

In unserer schnelllebigen Zeit sind Gehen und Laufen zu einem betont zielorientierten Vorgang geworden, im Stakkatotempo werden die Beine nur noch einseitig über eine permanente Vorfußbelastung nach vorne bewegt, es fehlt der energiefördernde Gegenschwung, weil alles auf Tempo ausgerichtet ist. Schwung und Gegenschwung bestimmen aber unser gesamtes Bewegungssystem, denn nur über diesen Wechselmechanismus können in rhythmischer Folge Anspannung und Entspannung einander ablösen.

Auch unser Herzmotor schaltet unaufhörlich zwischen Systole (Anspannung) und Diastole (Entspannung) hin und her und nur während der Diastole wird der Herzmuskel für einen kurzen Moment über die Herzkranzgefäße mit Sauerstoff und Energie versorgt. In der Systole ist das Herz für einen Moment vom Nachschub abgeschnitten und über die Austreibung des Blutes ganz auf Leistungsabgabe programmiert. Je häufiger ein Herz im Zustand körperlicher Ruhe schlägt, umso länger fällt die gesamte Anspannungszeit aus, was langfristig einer Überforderung gleichkommt.

Die individuelle Pulsschlagzahl gibt darüber Aufschluss, wie wir unser tägliches Leben gestalten. Menschen mit chronischem Bewegungsmangel weisen eine relativ hohe Pulsschlagzahl auf, die im Ruhezustand zwischen 80 bis 100 Schlägen in der Minute betragen kann. Je häufiger das Herz in entspanntem Zustand schlägt, umso mehr Sauerstoff und Energie werden vergeudet.

Ausdauertraining trägt jedoch dazu bei, die Ruheschlagzahl deutlich zu senken. Während ein Untrainierter einen Ruhepuls von 70 bis 80 Schlägen aufweist, kommen Profis wie zum Beispiel die Tour-de-France-Fahrer mit Ruhewerten von 36 bis 38 Schlägen aus, ein enormer Energiegewinn als Trainingswirkung.

Nach einem Vierteljahr Ausdauertraining kann man davon ausgehen, dass die Herzschlagzahl in Ruhe zwischen 10 bis 15 Schläge gesenkt werden kann und das bedeutet eine gewaltige Entlastung für die gesamte Herzarbeit. Das Herz muss am Tag 21.600-mal weniger schlagen und umgerechnet auf ein Jahr bedeutet dies 8 Millionen reduzierte Anspannungsphasen des Herzens. Jeder von uns verfügt über eine ungeahnte Sauerstoffreserve in seinem Körper, die durch ein sinnvolles Bewegungsprogramm mit Gewinn für Leistung und Gesundheit genutzt werden kann. Zusammengefasst lässt sich feststellen:

> Könnte man Ausdauertraining in eine Pille packen, so wäre es das Jahrhundertpräparat, jederzeit kostenlos verfügbar. Bei richtiger Dosierung ohne Nebenwirkungen.

Ausdauertraining bewirkt körperliches Wachstum

- → Verbesserung der maximalen Sauerstoffaufnahmefähigkeit des Körpers, tägliche Sauerstoffdusche für alle Körperzellen.
- → Leistungssteigerung von Herz, Kreislauf, Atmung mit gezielter Prävention gegen Herzinfarkt und Schlaganfall.
- → Natürlicher Stressabbau durch Betonung des Beruhigungsnervs (Parasympathikus) und Dämpfung des Kampfnervs (Sympathikus).
- → Natürliche Stimulation des Immunsystems.
- → Stabilisierung des gesamten Bewegungssystems mit Prävention gegen Osteoporose.
- → Vermeidung von Typ-II-Diabetes, wobei bereits unsere Kinder wegen Bewegungsmangel und Übergewicht gefährdet sind.
- → Natürliche Gewichtskontrolle und Umverteilung von Fett in Muskulatur.
- → Ausbau des kreativen Gedankengutes und Verbesserung des Neuzeitgedächtnisses. Ausdauertraining ist auch eine besondere Form des geistigen Joggings.

Sie sollten unbedingt mit einem Ausdauertraining beginnen, bei:

- → Körperübergewicht und Bewegungsmangel
- → Nikotinkonsum
- → Blutdruck oberhalb 140/90 mm Hg
- → Gesamtcholesterin höher als 190 mg/dl
- → Wenn gutes Cholesterin (HDL) geringer als 45 mg/dl
- → Wenn Triglyceridspiegel höher als 150 mg/dl

Noch ein Hinweis: Eine besondere Gefahr geht, wie wir alle wissen, vom Rauchen aus. Deshalb: Treffen Sie vom Kopf her sofort

Ihre Entscheidung und tauschen Sie Rauchen gegen Ausdauertraining aus. Sie haben auf diese Weise doppelten Gewinn – Gesundheit und Leistung werden es Ihnen danken. Überaus hilfreich ist beispielsweise das Swingjogging auf dem bereits erwähnten Minitrampolin. Da es ständig verfügbar ist, können Sie auf diese Weise Rückfälle in alte Rauchgewohnheiten ganz gezielt vermeiden: Nach dem Swingjogging hat die Zigarette keine Chance mehr.

Weiter-Wind-Ritual

- → 15 Minuten jederzeit umsetzbare Bewegungsepisoden auf dem Arbeitsweg und zur Gestaltung schöpferischer Pausen bei lästiger Wartezeit auf Bus, Bahn etc.
- → Treppen und Berge mit der Swingtechnik begehen – vorwärts und auch rückwärts.
- → Meditatives Laufen mit Erlebnisfaszination – ein Training mit allen Sinnen. Die Achtsamkeit des Augenblicks ist der Weg zum Ziel.
- → Gelenkschonendes Radeln zu Hause und im Freien in der runden Swingtechnik.
- → Aquajogging zur Kreislauf- und Gelenkentlastung mit der optimalen Schnorcheltechnik.
- → Swingjogging mit Musikmotivation auf dem häuslichen Trampolin.

Bärenkräfte-RITUAL

Über eine kräftige Tatze verschafft sich der Bär den notwendigen Respekt, um in der Wildnis bestehen und überleben zu können. Auch der Mensch braucht Power in der direkten Konfrontation mit unterschiedlichsten Widerständen. Den Lebensgipfel erreicht man nur mit Kraft und Ausdauer.

In unserer modernen Welt haben sich allerdings die Hindernisse grundlegend geändert. Bizepseinsatz an Hammer, Amboss, Sense und Schaufel sind heutzutage nicht mehr gefragt. Sie wurden ausgetauscht gegen Motor, Maschine und Computer, die man quasi mit dem kleinen Finger der rechten Hand bedienen kann. Die Automatisierung ist inzwischen so weit fortgeschritten, dass der Schreibtischmensch nicht mehr die Mindestanforderungen erfüllt, die für die Aktivierung eines gesunden Stoffwechsels notwendig sind. Der Dialog zwischen Mensch und technisierter Umgebung wird von physikalischen Gesetzen bestimmt: Hebel, Lenkrad und Tastatur entscheiden darüber, wie das permanente Bedienungsspiel der Arme und Hände zu erfolgen hat. In dieser Mensch-Maschinen-Beziehung werden insbesondere den Beugemuskeln an Schultern, Armen und Hand stereotype Bedienungsserien abverlangt, denn unter ständigem Blickkontakt bewegen

Der Schreibtischmensch verkümmert körperlich inzwischen bedenklich in Richtung kinetischer Nullpunkt.

sich beide Hände in dauernder Frontalposition. Auf einer Tastatur sind die Hände zwangsweise nach innen gedreht und wie kleine Hämmerchen am Klavier arbeiten die Finger in Beugestellung.

In seiner Grundeinstellung ist der Mensch ein vereinnahmendes Wesen: Die ergreifenden Finger tendieren zum Faustschluss, zum Festhalten. Ein glückliches Leben wird häufig gleichgesetzt mit großen Nehmerqualitäten. Die Faust steht dabei gleichsam für Besitz, Macht und Stärke – allerdings verbunden mit Dauerstress in den verkürzten Beugemuskeln von Unterarm und Hand. Die Streckermuskeln an der Gegenseite der Hand werden sträflich vernachlässigt, denn die gestreckten Finger stehen für die abgebende, heilende und segnende Hand. Die Faust steht für Stress pur – die gestreckte Hand dagegen für Loslassen und für Antistress.

Aber auch die Fuß- und Zehenstrecker werden heutzutage beim typisch absatzbetonten Vorfußgehen vernachlässigt. Vorfußgehen und Fußspitzenstand entsprechen dem Faustschluss als typische Stressposition der Hand. Bei jedem Schritt kommt die Kraft am Unterschenkel nur noch aus der Beugeschlinge der Wadenmuskeln, wobei die vordere und äußere Schienbeinmuskulatur eindeutig vernachlässigt wird. Beim absatzbetonten Spitzfußgehen kann das Kraftpotenzial der vorderen und äußeren Schienbeinmuskulatur (Steigbügelwirkung) beim Gehen und somit zur Fortbewegung nicht mehr auf den Boden gebracht werden. Wir werden uns diesem Thema noch etwas ausführlicher widmen im *7-Meilen-Stiefel-Ritual*.

Kurz und gut, der »Schreibtischtäter« im Computerzeitalter überfordert permanent seine Beugemuskeln an Armen und Beinen und in dieser Einseitigkeit bleiben die Streckermuskeln (Antagonisten) auf der Strecke. Aber nicht nur die Streckmuskeln an Armen und Beinen sind inzwischen vernachlässigt und atrophiert, genauso schwächeln die Streckmuskeln von Nacken, Rücken und Becken. Mit der Ergänzung: An der Rumpfvorderseite ist vorwiegend Bauchfett statt Bauchmuskulatur angesagt. Durch die einseitige Sitzarbeit ist die Rückenmuskulatur stark geschwächt, sodass wir kaum noch in der Lage sind, einen schweren Wintermantel aus Wolle ohne Beschwerden tragen zu können. Für diese Tatsache hat die moderne Marktwirtschaft längst die Lösung gefunden: Schweißdurchlässige und kälteabweisende synthetische Fasern beherrschen den Markt, Jacken und Mäntel sind inzwischen federleicht und weisen jeden Kälteschock ab.

Leider bewegt sich der Mensch nicht mehr wie ein »Rodeoreiter« auf dem Pferderücken durch die Welt, denn dieser tanzende Untergrund sorgte automatisch für eine hohe Aktivität der gesamten Rumpfmuskulatur und entsprechend stark wurden Rücken- und Bauchmuskeln trainiert. Heute sitzt der Angestellte vorwiegend bewegungslos auf einem Hightech-Bürostuhl, ohne dass die Rückenmuskulatur entsprechend aktiviert wird. Stattdessen hängt er nur noch in seinen Bändern, wodurch die empfindlichen Bandscheiben unter hohen Druck geraten.

Kraft braucht der Mensch, allerdings in richtiger Qualität und vor allen Dingen optimal platziert. Zum muskelaufbauenden Widerstandstraining reicht die tägliche berufliche Aktivität im Auto und anschließend am Schreibtisch nicht mehr aus. Muskelwachstum ist nun einmal vom Widerstandstraining abhängig. Muskelbildendes Eisen fand der Mensch früher in der Schmiede, auf Feld, Wiese und im Wald, heute ist dieses Eisen nur noch in speziellen Fitnessstudios eingebaut. Künstliches Krafttraining an Maschinen ist nun aber nicht unbedingt jedermanns Sache. Zum einen sind sie häufig weit vom Arbeitsplatz entfernt und zum anderen ist dieses Kunstgebilde einer Mondlandschaft ähnlicher als einer stressabbauenden

Muskeln leben vom Widerstand. Wer kräftig werden will, muss Eisen anfassen.

natürlichen Landschaft. Vernünftigerweise wäre ein Holzwiderstandstraining dem Eisen vorzuziehen, das heißt, Fitnessstudios im Wald hätten neben dem persönlichen auch den allgemeinen Nutzen, dass unsere vernachlässigten Wälder wieder in eine intakte Erholungslandschaft verwandelt werden würden.

Der Mensch braucht also ein muskuläres Krafttraining, speziell in einer bewegungslosen Sitzgesellschaft, allerdings steht vor dem Erfolg die Kraftanstrengung, der Schweiß, und das mag nicht jeder. Auf einem sportmedizinischen Kongress über die Bedeutung des Muskelkrafttrainings lautete der zusammenfassende Kommentar des Vorsitzenden: »Muskelkrafttraining ist überaus wichtig, wenn es nur nicht so langweilig wäre!«

An diesem Punkt möchten wir einsetzen und Ihnen ein Krafttraining präsentieren, das einfach, Zeit sparend und problemlos, aber überaus wirksam in den Alltag eingebaut werden kann. Natürlich kann man jeden Muskel trainieren, aber bei einem harten Job wird es den meisten an der hierfür notwendigen Zeit mangeln. Beim Krafttraining kommt es darauf an, das Wesentliche vom Unwesentlichen zu unterscheiden, das heißt, wir sind gut beraten, uns um die Muskeln zu kümmern, die es dringend nötig haben, die für Leistung und Gesundheit einen hohen Stellenwert aufweisen, damit langfristig muskuläre Dysbalancen vermieden werden.

Folgende Muskeln sollten besonders gestärkt werden: Fingerstrecker, Unterarmstrecker, streckseitige Schulter- und Schulterblattmuskeln, Nacken- und Rückenmuskeln, Bauch- und Gesäßmuskeln, Fuß- und Zehenstrecker.

Bei unserem betonten Krafttraining klammern wir also die Beugemuskeln der Hände, der Unterarme, der Schultern, die Beugemuskeln der Unterschenkel und Füße aus, denn sie werden ohnehin durch tägliche Belastungsmuster gefordert und stehen praktisch mehr oder weniger unter einer einseitig provozierten

Stressspannung. Es wäre geradezu widersinnig, diese einseitige Stressspannung durch ein ergänzendes Muskelkrafttraining zu verstärken, denn dann wären entsprechende Funktionsstörungen wie Muskelzerrungen, Muskelrisse etc. die logische Folge.

Beim Bärenkräfte-Ritual steht gezielt das Training der abgeschwächten und vernachlässigten Antagonisten im Vordergrund.

Beim muskulären Krafttraining spricht man von einem Übungsteil oder Set, wobei jedes Set sich wiederum aus mehreren Übungswiederholungen (Repetitionen) zusammensetzt. Wir empfehlen Ihnen pro Muskeleinheit 3 bis 5 Übungsteile (Sets), wobei jeder Übungsteil sich aus mindestens 7 Wiederholungen (Reps) zusammensetzt. Die notwendigen Widerstände bieten der eigene Körper, unterschiedliche Gewichte, Wasserwiderstände der Druckaufbau gegen eine äußere Wand oder hochelastische Bänder.

3 bis 5 Übungsteile (Sets) à 7 Wiederholungen (Reps) prägen die Übungen des Bärenkräfte-Rituals.

Zunächst unterscheidet man ein isometrisches vom dynamischen Krafttraining: Beim *isometrischen* Krafttraining wird Spannung im Muskel aufgebaut, ohne dass irgendeine Bewegung stattfindet, das heißt der Muskel verändert sich nicht in seiner Längenausdehnung, Sie drücken zum Beispiel über 7 Sekunden im Sitzen den Rücken gegen die rückwärtige Stuhllehne, ohne sich dabei anderweitig zu bewegen. Isometrisches Krafttraining ist besonders gelenkschonend und wird aus diesem Grunde häufig in der Rehabilitation genutzt. Beim *dynamischen* Krafttraining bewegt sich ein Muskel gegen einen Widerstand über eine bestimmte Wegstrecke, Sie drücken beispielsweise 7-mal den Rücken gegen die Lehne und nehmen den Druck jedes Mal durch Gegenbewegung wieder heraus. Eine besondere Form ist das *Isokinetische* Krafttraining, das sich optimal im Wasser durchführen lässt, indem Sie zum Beispiel Arme oder Beine gegen einen kontinuierlichen Widerstand bewegen, sodass in jeder Winkelstellung gleich starker Widerstand gewährleistet ist und zwangsläufig eine Mehrzahl an Muskelzellen rekrutiert werden.

Wir beginnen beim *Bärenkräfte-Ritual* mit den Muskeln, die es am nötigsten haben, nämlich mit dem Rücken und möchten Ihnen das Auto als Fitnessstudio vorstellen! Auf diese Weise können Sie so ganz nebenbei etwas für Leistung und Gesundheit tun. Ganz bewusst nutzen Sie Fahrtunterbrechungen oder Musik zur Trainingsgestaltung. Ein Beispiel: Beim Fahren unter Zeitdruck wird insbesondere die rote Ampel zum typischen Stressfaktor, denn viel zu langsam vergeht die Zeit bis zur Grünschaltung. Dagegen lässt sich etwas tun. Wir empfehlen bei jeder roten Ampel künftig den so genannten Rückenrodeo: Sie tauschen den Sattel eines Pferdes einfach gegen den Autositz und drücken wiederholt die Schulterblätter gegen die Rückenlehne, wobei Sie gleichzeitig den gesamten Beckenboden anspannen. Erinnern Sie sich an das Zeitintervall beim dynamischen Krafttraining: 7 Wiederholungen, kurze Pause und danach folgt das nächste Set. In der Regel sind in deutschen Städten bei Rotschaltung 3 bis 5 Rodeosets möglich.

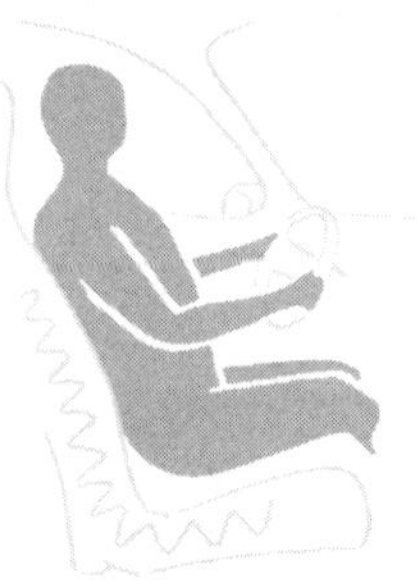

Protestiere nicht gegen Stress, den du nicht verhindern kannst, nimm ihn an und mach das Beste draus. Praktiziere an jeder roten Ampel den Rückenrodeo!

Mit dem Rückenrodeo verliert die rote Ampel ihren Schrecken – im Gegenteil, in Zukunft werden Sie sich auf jede rote Ampel freuen. Und genauso ergeht es Ihnen beim Stau auf der Autobahn oder wegen einer Baustelle. Auf langen Zug- und Busreisen sind Sie ebenfalls mit dem Rückenrodeo gut bedient, allerdings sind Sie dabei nicht ohne Publikum. Der Rodeowipper passt nun einmal nicht in das allgemeine Ordnungssystem hinein. Ein hilfreicher Tipp: Praktizieren Sie den Rückenrodeo im ICE während der Zug hält, denn dann sind Sie meist ungestört, weil Ihre Mitreisenden die Vorgänge auf dem Bahnhof verfolgen und aus dem Fenster gucken. Oder führen Sie ihn während einer Tunnelpassage durch.

Auf längeren Autofahrten nutzen Sie bewusst Ihr Radio und anregende Musik. Jeder reagiert natürlich anders auf bestimmte Rhythmen und Melodien. Finden Sie deshalb heraus, welche speziell bei Ihnen antriebsfördernd wirken. Sie merken es am besten daran, dass beim Hören dieser Klänge automatisch Ihre große Zehe auf und ab wippt. Nutzen Sie also solche antriebsfördernden Strukturen in der Musik für Ihr Training – dann macht es besonders viel Spaß und ist eine Wohltat bei langen Reisen im Auto, Zug oder Flugzeug. Sie tanzen quasi im Sitzen Ihren Rückenrodeo.

Ein weiteres leicht verfügbares Rückentraining ist das obere und untere Rückenduett, das problemlos zu Hause und im Betrieb praktiziert werden kann. Seit Jahren profitieren auch Musiker von ihrem oberen und unteren Rückenduett, weil insbesondere beim Halten unterschiedlicher Instrumente eine starke Rückenmuskulatur unerlässlich ist. Beim *oberen Nackenduett* stehen Sie mit dem Rücken zur Wand. Sie heben Schulterblätter und das Becken von der Wand ab, sodass nur noch der Hinterkopf gestützt ist. Sie stehen auf den Fersen mit angehobenen Vorfüßen, zirka 10 cm von der Wand entfernt, und wippen besonders den Oberkörper 7-mal hin und zurück.

Für das *untere Nackenduett* bleiben Sie in dieser Stellung. Sie halten nun aber beide Ellenbogengelenke gebeugt, seitlich in Schulterhöhe und stützen damit den ganzen Körper nur noch mit den Ellenbogengelenken an der Wand ab. Im Liegestütz rückwärts bewegen Sie jetzt den Körper 7-mal vor- und rückwärts.

Praktizieren Sie pro Durchgang 3 oder 5 Sets zu je 7 Wiederholungen.

Beim *unteren Rückenduett* sitzen Sie auf einem Stuhl vor einer geöffneten Tür, in beiden Türgriffen hängt ein Theraband. Sie stecken beide Hände in die Schlaufenenden, die Sie sich selbst geknüpft haben, und bewegen mit bewusster Fingerstreckung die im Ellenbogen leicht gebeugten Arme 7-mal gegen die Bandspannung rück- und vorwärts.

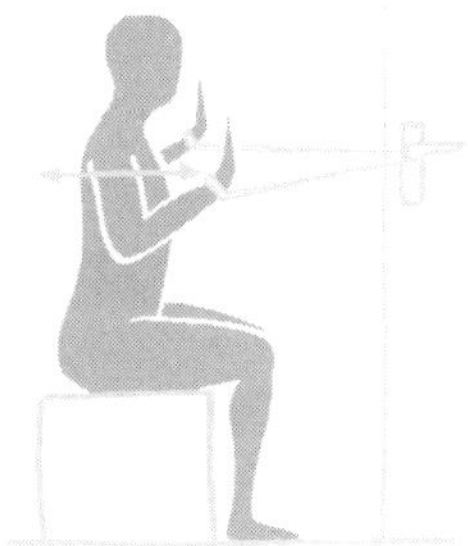

Bei der anschließenden *Körperwippe* liegen beide Hände mit den Schlaufen am Hinterkopf. Sie beugen jetzt Oberkörper und Arme nach vorne und strecken anschließend den Körper in der Wirbelsäule und die Arme in den Schultergelenken 7-mal weit nach hinten. Das untere Rückenduett praktizieren Sie mit 3 bis 5 Sets.

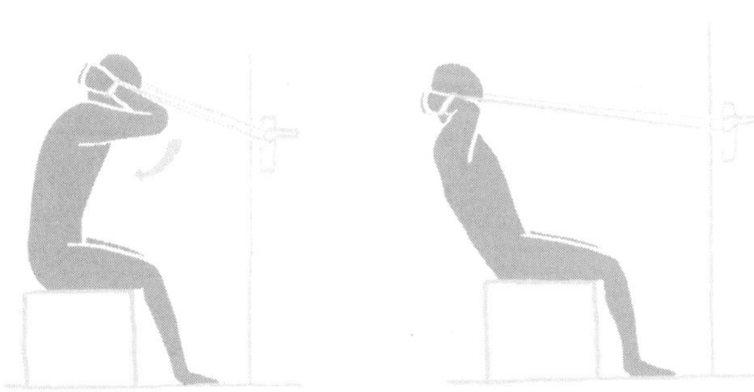

Ihre vernachlässigte Bauchmuskulatur können Sie optimal auf einer weichen Teppichunterlage stärken, zum Beispiel während der Tagesschau. Sie liegen auf dem Rücken, die Knie sind gebeugt. Im Wechsel von rechts nach links heben Sie nun abwechselnd die rechte und die linke Schulter, dabei bewegt sich die rechte Hand und drückt gegen das linke Knie und umgekehrt die linke Hand gegen das rechte Knie. Bei der Wiederholung sprechen Sie gezielt 7-mal die rechte und die linke schräge Bauchmuskulatur an, bei 3 bis 5 Sets.

Einfacher können Sie dieses Programm auch im Sitzen gestalten, jedoch mit geringerer Kraftwirkung auf die Bauchmuskulatur im Liegen. Im Sitzen drücken Sie mit Nachdruck wechselweise die rechte und linke Hand gegen das gegenüberliegende Kniegelenk.

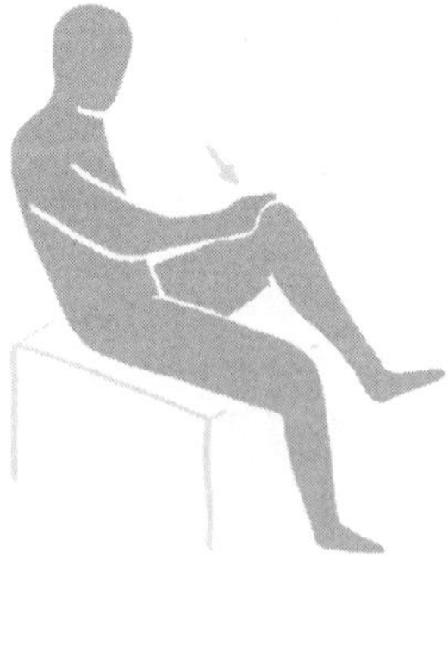

Verwandeln Sie jedes Treppenhaus zu Ihrem kostenlosen Fitnessstudio. Nehmen Sie jede Stufe bewusst und langsam, beginnen Sie mit einer Stufe pro Sekunde. Auf diese Weise stellen auch mehrere Stockwerke kein Hindernis für Sie dar, denn Sie werden von Stockwerk zu Stockwerk schneller. Beim Treppentraining wird speziell die becken- und körperaufrichtende Gesäßmuskulatur angesprochen, die beim langen Sitzen vernachlässigt ist.

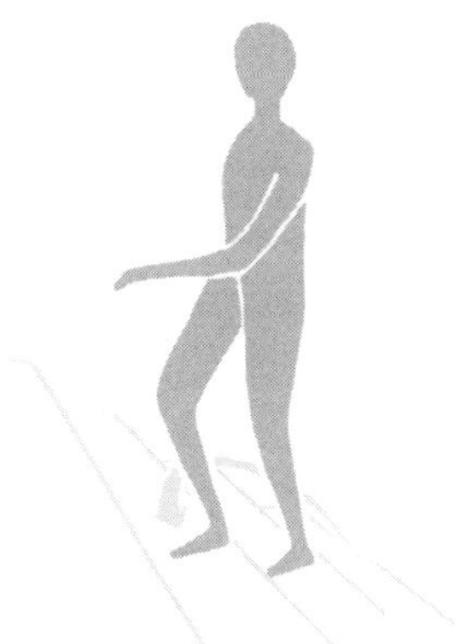

Ständiger Faustschluss und absatzbetontes Spitzfußgehen vernachlässigen die Streckmuskeln an Hand und Fuß, wie wir am Anfang dieses Kapitels erwähnt haben. Optimal trainieren Sie Ihre vernachlässigte Steigbügelfunktion der Füße durch wiederholten *Hackengang*, den Sie zum Beispiel morgens beim Zähneputzen problemlos praktizieren können.

Für die Hand ist das einfachste und jederzeit verfügbare Trainingsgerät ein Bürogummi: Sie legen um jeden Finger eine 360-Grad-Gummischlinge und praktizieren die maximale Fingerspreiz- und -streckbewegung.

Das Bärenkräfte-Ritual stärkt Muskeln und härtet Knochen gleichermaßen: Denn Widerstandstraining der Muskulatur ist auch Knochenaufbautraining, das heißt, beim *Bärenkräfte-Ritual* profitiert nicht nur der Muskel, sondern auch der Knochen. Durch entsprechendes Krafttraining werden die aufbauenden Knochenzellen (Osteoblasten) aktiviert unter entsprechender Zurücknahme der abbauenden Knochenzellen (Osteoklasten). Das Bärenkräfte-Ritual ist ein Zeit sparendes Krafttraining, das nach Lust und Laune überall zum Zuge kommen kann.

Bärenkräfte-Ritual

Sie machen das Auto zum Fitnessstudio und praktizieren an jeder roten Ampel, bei jeder Fahrtunterbrechung, im Bus oder Flugzeug den so genannten Rückenrodeo.
Nehmen Sie auf langen Fahrten anregende Musik hinzu.
Auch das obere und untere Nackenduett ist jederzeit leicht verfügbar, zu Hause oder am Arbeitsplatz.
Beim Fernsehen ist das Bauchmuskeltraining im Sitzen oder im Liegen das Aktivprogramm.
Jede Treppe ist ein kostenloses Fitnessstudio und dient der Verstärkung Ihres Beckenbodens, aber nur treppauf.
Hackengang, Bürogummiübung und Liegestütz rückwärts verstärken die Antagonisten an Hand und Fuß.

Adlerschwingen-RITUAL

Schwerelos gleitet der Vogel im Aufwind mit weiten Schwingen durch die Lüfte. Im Gegensatz hierzu müssen wir Menschen uns mühsam auf Absatzschuhen mit gleichförmigen Betonflächen auseinander setzen. Diese Monotonie der menschlichen Bewegung würde auf den Vogel übertragen bedeuten, dass jeder Gleitversuch mit einem honen Sturzrisiko verbunden wäre.

Im ständigen Auf und Ab der Flügel werden praktisch alle Freiheitsgrade der Gelenke ideal genutzt. Die Beuge- und Streckmuskeln an den Ober- und Unterseiten wechseln rhythmisch zwischen maximaler Verkürzung einerseits und extremer Erweiterung andererseits. Der Vogel nutzt die 180-Grad-Schwingungsweite der Flügel energiefördernd aus und nur deshalb wird das schwerelose Gleiten am Himmel möglich.

Aber auch die Tiere am Boden beherrschen diese Technik: Extrem streckt zum Beispiel ein Gepard im Sprint seine Beine, wobei er bereits nach 10 Sekunden 120 Stundenkilometer erreichen kann. Bis zum Spagat reicht die Bewegungsweite, sodass allein durch die entsprechende Dehnungserweiterung der Laufmuskeln über den Gegenschwung genügend Sauerstoff und Energie nachfließen können.

Ganz anders sieht es dagegen beim Menschen aus: Unser zielorientiertes Gehen ist nur noch einseitig nach vorne ausgelegt, es fehlt der energiefördernde Gegenschwung aus den Hüften. Der Fuß wird nicht mehr regelmäßig über Ferse und Vorfuß abgerollt, sodass mit der Wadenmuskulatur nur noch ein Teil der Beinkraft auf den Boden übertragen werden kann (siehe auch Das *Bärenkräfte-Ritual,* Seite 83 ff.). Unser stressbetonter Stakkatoschritt greift nur noch auf einen Teil der zur Verfügung stehenden Bewegungsfreiheit der Beingelenke zurück und somit befinden sich latent entscheidende Muskelgruppen, die die Bewegung unterhalten, in einer chronischen Überforderung. Laut und kurzschrittig ist unser absatzbetonter Schritt geworden und in betonter Vorfußbelastung bewegen wir uns einseitig über einen gleichförmig planierten harten Untergrund.

Überhaupt kann man das äußere Erscheinungsbild des Menschen in seiner täglichen Routine geradezu als verkümmert bezeichnen. Zusammengekauert sitzen wir Tage, Monate, Jahre am Schreibtisch, Computer oder Lenkrad und missbrauchen unsere Hände als verlängerte Hebel auf unterschiedlichen Lenkarmen oder Tastaturen. Schulter- und Hüftgelenke sind in dieser Haltung ständig gebeugt und belasten nachhaltig das Brustbein, mit dem Ergebnis, dass die beugeseitigen Muskelgruppen in eine verkürzende Stressspannung getrieben werden. Wie eine Zentnerlast wirkt diese Einseitigkeit insbesondere auf die Wirbelsäule. Sie kommt aus ihrer Krümmung schließlich nicht mehr heraus, gleichzeitig wird dabei auch der Bewegungsspielraum aller Arm- und Beingelenke behindert.

Die monotone Beugebelastung am Arbeitsplatz macht Stress – Stress im Verlauf einseitig belasteter peripherer Muskelgruppen, die sich jedoch selbstständig nicht aus dieser Krisensituation befreien können. *RSI* (repetitive strain injury) heißt logischerweise die moderne Berufskrankheit, wobei *R* für den monotonen Wiederholungsvorgang steht, *S* für die hierdurch provozierte Stressspannung in den steuernden Muskel-/Sehnengruppen und für die Erkrankung bzw. Verletzung, die durch den einseitigen Belastungsvorgang entsteht. Mausarmsyndrom, Karpaltunnelkompression, Wadenmuskelstress oder Achillessehnen- sowie Fersenbeinbeschwerden sind die modernen Arbeitsplatzkiller, wenn beugeseitige Muskelgruppen der Hände und Füße chronisch überlastet und somit in eine Sauerstoffkrise getrieben werden.

Periphere Stressspannungen der Muskel-Sehnen-Gruppen lösen diese Sauerstoffkrisen aus und sie treffen das Bewegungssystem an ihrem schwächsten Punkt. Probleme bereiten der Medizin jedoch nicht die Muskeln, denn der Muskelmotor ist optimal durchblutet, sodass auch in Stresssituationen durchaus Reparationsvorgänge (bei Verletzungen Narbenbildungen) möglich sind. Das Problem im Bewegungsapparat geht vielmehr von den kraftübertragenden Sehnen aus, die schon im Normalzustand, also ohne eine provozierte Stressspannung, am Ende der arteriellen Sauerstoffversorgung liegen. Diese »Berghüttensituation« der Sehnen entzieht sich eigener Reparationen und im Erkrankungs- bzw. Verletzungsfall sind daher in der Regel hoch entwickelte Operationstechniken bis zur Mikrochirurgie erforderlich, um den entstandenen Schaden zu beheben.

Bei einseitiger Belastung kann im Verlauf eines längeren Degenerationsprozesses die Sehne wie ein Schnürsenkel im Bandkanal durchreißen. Ähnlich wie unser Schuhband reißt sie am Punkt der höchsten Reibung analog zum Schnürsenkel in der Öse.

RSI braucht Zeit, bis die einseitig belastete Muskulatur Schaden nimmt, wobei das einseitig gestresste Gewebe wiederholt Warnsignale aussendet. Vielfach sind es regionale Schwellungszustände, schmerzhafte Verspannungen und leistungsmindernde Funktionseinschränkungen der Gelenke, die besonders bei einseitigen Arbeitsvorgängen auffällig werden.

Peripherer Gelenkstress im Überblick

Arm-Hand-Mausklicksyndrom, Karpaltunnelsyndrom, Dupuytren'sche Kontraktur, schnellender Finger, Superficialis- und Pronator-teres-Syndrom, Sehnenscheidenentzündungen, Tennis- und Golferellenbogen, Bizepsrinnensyndrom, Rotatorenmanschettenproblematik.

Bein-, Fuß-, Leistenschmerzen, Patellaspitzensyndrom, Wadenkrämpfe, Wadenmuskelzerrungen, Wadenmuskelriss, Achillessehnenprobleme, Fersenbeinsporn, Hammerzehenbildung, Tarsaltunnelsyndrom.

Jede Bewegung lebt vom Gegenschwung, der, wie erwähnt, jedoch durch moderne Arbeit an Motor, Maschine und PC vernichtet wurde. Dieser Gegenschwung ist aber als so genannte Ausholbewegung zur Energiegewinnung der Muskeln und Sehnen unverzichtbar! Über den Gegenschwung wird die aktive Muskulatur weit über ihre Grundlänge hinaus gedehnt. Ein Speerwerfer weiß um die Bedeutung dieses Gegenschwungs, denn unmittelbar vor dem Abwurf des Gerätes muss er den Wurfarm in die absolute Gegenrichtung führen, die der Zielvorstellung diametral entgegenläuft. Die entscheidende Wurfmuskulatur wird auf diese Weise bis zu 120 Prozent ihrer Grundlänge hinaus gedehnt und kann hierdurch bis zu 140 Prozent Kraft aufladen.

Im Berufsleben dagegen bewegen sich beide Hände fast ausschließlich frontal in Blickrichtung, ohne dass den Extremitäten eine Chance der energiefördernden Gegenschwungbewegung ermöglicht wird. Ohne diesen energiefördernden Gegenschwung gerät jedoch besonders die Beugemuskulatur an den Armen und ebenso an den Beinen in eine chronische Verkürzung. Wird diese Einseitigkeit nicht bewusst und in einem bestimmten Rhythmus über Intensivstretching (Gegenschwungstretching) aufgehoben, so ist der Weg in die Degeneration, in die Erkrankung vorgezeichnet. Bei einseitigen Belastungen ist die Dehnung der einzelnen Muskeln über mindestens 7 Sekunden und das im 2-Stunden-Rhythmus unverzichtbar. In sportmedizinischen Untersuchungen konnte nachgewiesen werden, dass eine Dehnungswirkung nur maximal 90 Minuten anhält, weshalb bei einseitig intensiver Belastung eine einmalige Ausgleichsdehnung pro Tag nicht genügt. Dringend ratsam ist also die Wiederholung des Gegenschwungstretchings im 2-Stunden-Rhythmus.

> Jede intensive Belastung ist auf entsprechend intensive Entlastung angewiesen, Gegenschwungstretching gegen peripheren Gelenkstress sieht die gezielte Dehnung über 7 Sekunden im 2-Stunden-Rhythmus vor.

Im Folgenden stellen wir Ihnen ein wirksames Gegenschwungstretching vor. Und da Bilder für das Gehirn einen hohen Memory-Effekt haben, also nachhaltig in Erinnerung bleiben, machen wir Sie in den einzelnen Bezeichnungen mit den *7 Hanseaten* vertraut. Es handelt sich dabei um ein speziell entwickeltes Stretching-Konzept, über das Sie mehr lesen können in meinem Buch *Fit in 7 x 7 Sekunden. Stretching für jeden Tag* (Gerd Schnack, Kösel Verlag, 3. Auflage 2003). Die 7 Hanseaten (als Synonym für Kreativität und Flexibilität) stehen für 7 verschiedene Stretchings, die uns wie das weltoffene Völkchen der zur See fahrenden Hanseaten zu neuen Ufern bringen und den Körper optimal mit Frische, Kraft und Leichtigkeit versorgen. Auf diese Weise können wir wie mit Adlerschwingen von einem Tun zum anderen gleiten und auf die täglichen Herausforderungen gelassener reagieren.

Begeben wir uns nun auf eine virtuelle Weltreise über 7 Weltmeere zu den 7 Kontinenten, wobei jeder Kontinent durch eine typische Tierart vertreten wird. Wir bewegen uns mit Storchenbeinen, langem Giraffenhals, im Katzenbuckel, von Känguruspagat zu Känguruspagat, im Pferdsprung mit Robbenflossen und Bärentatzen rund um die Welt.

Der erste Hanseat ist das *Storchenbein* – gegen die Verkürzung der beugeseitigen Hüftmuskeln, die besonders durch langes Sitzen eintritt.

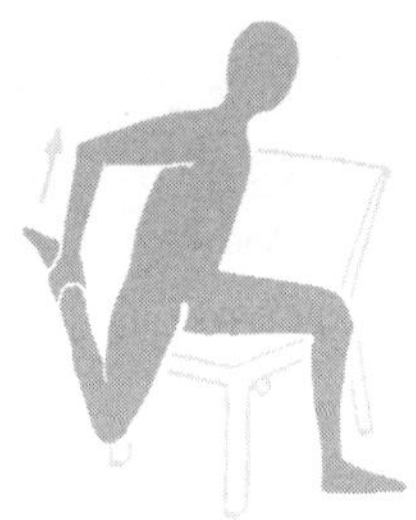

Der zweite Hanseat ist der *Giraffenhals* – gegen Nacken- und Kopfschmerz. Dehnen durch Arm hinter dem Rücken und durch Zug des Kopfes nach vorn Richtung rechtes Knie.

Der dritte Hanseat ist der *Katzenbuckel* – gegen schmerzhafte Rückenbeschwerden.

Der vierte Hanseat ist der *Känguruspagat* – zum Ausgleich der verkürzten Kniebeugemuskulatur.

Der nächste Hanseat ist der *Pferdsprung* – gegen Wadenkrämpfe, Wadenmuskelzerrungen, Achillessehnenbeschwerden und Fersenbeinspornbildungen. Drei Dehnungspositionen sind ratsam: 1. Zur Dehnung der Wade ist das hintere Knie gestreckt und die Ferse fest am Boden. 2. Zur Dehnung der Achillessehne wird das hintere Knie gebeugt, die Ferse hält Bodenkontakt. 3. Sie heben die hintere Ferse an, führen das Knie zum Boden und drücken zur Dehnung der Fußsohle mit der Hand von oben auf die Ferse. (Siehe Illustrationen Seite 102 oben.)

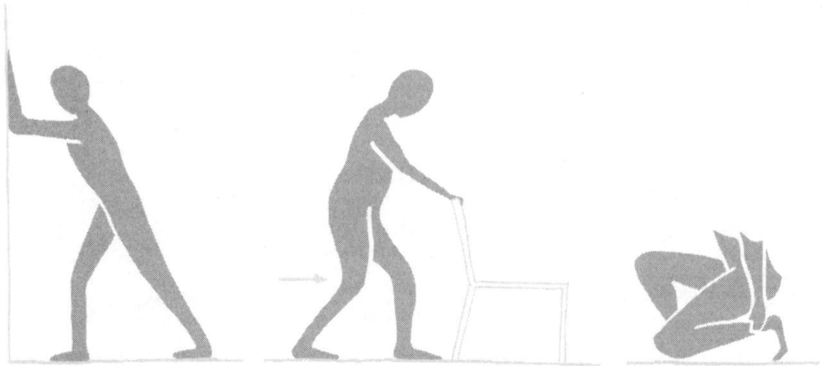

Der nächste Hanseat ist die *Robbenflosse* – gegen Mausarmsyndrom, Karpaltunnelsyndrom, schnellender Finger, Dupuytren'sche Kontraktur und Golferellenbogen. Im Bild rechts wird das Ellenbogengelenk vermehrt gebeugt.

Der 7. Hanseat ist die *Bärentatze* – gegen Sehnenscheidenentzündung und Tennisellenbogen.

Adlerschwingen-Ritual

Gehen Sie mehrmals täglich auf Ihre virtuelle Weltreise mit den 7 Hanseaten über 7 Weltmeere zu den 7 Kontinenten. Im weiten Wind verflüchtigt sich der schmerzhafte Muskel- und Gelenkstress. Sie werden wieder elastischer.
Dieses Gegenschwungstretching über jeweils 7 Sekunden ist bei hoher Arbeitsbelastung im 2-Stunden-Rhythmus ratsam.
Genießen Sie dieses Stretching ohne Mühe und Anstrengung, denn ein gestresster Muskel schreit nach Dehnung. Werden Sie leicht wie ein Vogel und gleiten Sie mit Adlerschwingen durch den Tag

7-Meilen-Stiefel-
RITUAL

Erinnern Sie sich noch an das Bechstein-Märchen vom Däumling, in dem der kleine Mann in 7-Meilen-Stiefeln die Welt im Sauseschritt durcheilte?

Gehen und Laufen nach der Swingtechnik sind unsere 7-Meilen-Stiefel, die aus einem hektischen Stakkatoschritt den elastischen und erholsamen Gang formen. Bei jedem Schritt wird optimal Sauerstoff und Energie in die Muskeln gepumpt, die für die Frontalbewegung hauptsächlich verantwortlich sind. Wir weisen in diesem Buch wiederholt auf die Gefahren der Über- bzw. Unterforderung von Sehnen und Muskeln hin, die sich insbesondere auch beim Gehen zeigt. Dieses Thema ist so wichtig, dass wir ihm ein eigenes Kapitel, ein eigenes Ritual widmen wollen. Wir helfen Ihnen dabei, Ihre Beine und Füße neu zu entdecken und sie gut zu behandeln, und zeigen Ihnen, wie Sie sie mithilfe der Swingtechnik energievoll zum Einsatz bringen können.

Swinging beim Gehen führt zu einem fast reibungslosen Rollen und Gleiten des Fußes und setzt dem Boden den geringsten Widerstand entgegen – eine Wohltat für Muskeln und Sehnen! Die Swingtechnik verhindert die chronische Verkürzung der Sehnen, Verschleißerscheinungen und Verletzungen. Und: Werden Muskeln und Sehnen optimal gefordert und eingesetzt, erhöht sich auch die Sprungkraft – wir bekommen einen federnden Gang.

Warum aber tun wir uns normalerweise so schwer mit diesen doch so einfachen Prinzipien? Warum ist unser Gang meist abgehackt, unrund und schleppend? Das Dilemma beginnt bei den Schuhen: Seit Jahrhunderten findet der Mensch Gefallen am mehr oder weniger hohen Absatzschuh, hinten und vorne nicht abgerundet, vielmehr eckig und kantig und mit einer Hackenerhöhung versehen, die dort, wo sie platziert ist, nicht hingehört. Sind die Schuhe vorne und hinten abgelaufen, so geht es zum Schuster, der umgehend die kantigen Hindernisse erneuert und wieder aufbaut. Beim Auto würde dieses Procedere zum Durchschlagen der Radlager führen – beim Menschen sind es Rücken und Kniegelenke, die negativ darauf reagieren: Insbesondere die niveauausgleichenden Meniskusscheiben verschleißen und leiten mit einem vorzeitigen Abnutzungsprozess häufig Kniegelenksarthrosen ein.

Neue Schuhe braucht das Land!

Absatzbetontes Spitzfußgehen hat den Menschen zum Vorfußläufer gemacht, der den Fuß nicht mehr gleichmäßig und rund über Ferse und Vorfuß abrollt. Hacke – Spitze, Hacke – Spitze usw. in regelmäßigem Wechsel wie beim Stepptanz wäre Voraussetzung für die leistungserhaltende Roll- und Schraubtechnik, beim absatzbetonten Spitzfußgehen kann sie jedoch nicht umgesetzt werden. Eigentlich funktionieren unsere Füße wie eine Kinderwippe. Allerdings kann das wechselvolle Heben und Senken des Vorfußes nur dann erreicht werden, wenn der Absatz nicht am hinteren Ende liegt, sondern weiter nach vorne verlagert wird (wie bei Spezialschuhen der Fall) oder wenn er zumindest abgerundet ist (Negativabsatz). Hierdurch wird die vordere Steigbügelmuskulatur des Unterschenkels beim Gehen und Laufen aktiviert, was die Bewegung erleichtert.

Die hintere Absatzplatzierung des »normalen« Schuhs bewirkt, dass wir beim ersten Bodenkontakt überfallartig und betont auf den Vorfuß »fallen«, sodass die vordere Schienbeinmuskulatur zur

Fortbewegung nicht genutzt, also nicht auf den Boden gebracht werden kann. Spitzfußbetontes Vorfußgehen nutzt praktisch nur die Wadenkraft, womit eine einseitige Überbelastung der gesamten Beugeschlinge die Folge ist.

Diese chronische Stressverkürzung der Waden, der Achillessehnen und der gesamten Zehenbeuger hat, wie bereits in vorangegangenen Kapiteln erwähnt, zahlreiche Funktionsstörungen zur Folge, denn absatzbetontes Vorfußgehen schädigt Waden, Achillessehnen, Fußsohlen und Zehen und folgende Funktionsstörungen sind die logische Konsequenz.

> Wadenkrämpfe, Zerrungen und Muskelrisse der Wadenmuskulatur, Achillessehnenbeschwerden einschließlich der gefürchteten Achillessehnenruptur, Fersenbeinspornbildungen, Fußsohlen- und Zehenverkürzungen sind die Folge unseres einseitigen, zielorientierten und absatzbetonten Vorfußgehens.

Eine besondere Gefahr geht von dieser chronisch verkürzten Achillessehne aus, weil sie letztlich unsere Sprungkraft lähmt. Englische veterinärmedizinische Forschungen konnten nachweisen, dass dagegen Pferde, Kamele und andere Ausdauerläufer über besonders lange Sehnen verfügen, wobei durch Vorspannen dieser Sehnen vor dem Aufsetzen des Fußes eine regelrechte Sprungfederfunktion ausgeht. Besonders Galopp wird somit beim Pferd zu einer ökonomischen Gangart, bei der nur wenig Energie verloren geht. Je länger diese Sehnen sind, umso besser kann die Sprungfederfunktion umgesetzt werden.

Beim Menschen übernimmt diesen Schwingungsdämpfer die Achillessehne und ihre Länge entscheidet darüber, ob dieser Mensch ein guter oder schlechter Läufer ist. Mit seinem Fußgewölbe verfügt der Mensch als Sohlengänger über einen weiteren Schwingungsdämpfer, dessen Funktion aber von der Achillessehne entscheidend mit beeinflusst wird. Dänische Forscher konnten nachweisen, dass erfolgreiche Sportler im Ausdauerbereich über besonders lange Achillessehnen verfügen. Die Länge der Achillessehne lässt sich optimal mit der tiefen Saigonhocke messen, die wir in diesem Buch bereits kennen gelernt haben, wobei der Abstand zwischen Sitzbein und Fersenbein entscheidend von dieser Sehnenlänge abhängt.

Beim Gehen nach der Swingtechnik wird bei jedem Schritt durch die bewusste Fußstreckung auf die Achillessehnenverlängerung Wert gelegt, sodass sich hierüber die Sprungfederfunktion dieser Sehne optimal entfalten kann.

Das ständige Tragen von Absatzschuhen bewirkt jedoch automatisch eine chronische Verkürzung der Wadenmuskulatur, insbesondere der Achillessehne, und aufgrund dieser Tatsache geht bei jedem Schritt sehr viel Energie verloren.

Zu unseren falschen Absatzschuhen kommt ein weiteres Übel hinzu: Die gleichförmig planierten harten Böden sorgen dafür, dass unser Fuß monoton in Spitzfußstellung belastet wird. Er kann sich nicht, wie bei einem wellenförmigen Gelände, am Anfang und Ende einer Mulde automatisch einstellen und damit auch keine unterschiedliche Längeneinstellung der Achillessehne erreichen. Als Konsequenz hieraus erleben wir, dass wir beim täglichen Gehen meist erhebliche Mühe haben, weshalb wir uns mit Vorliebe per Auto, Bus und Zug fortbewegen.

In einer Zeit ohne Zeit ist zielorientiertes Gehen und Laufen angesagt, alle Aufmerksamkeit ist nur noch richtungsorientiert und beide Beine werden bewusst einseitig in Frontrichtung bewegt. Bei jedem Schritt fehlt uns somit der energiefördernde Gegenschwung, denn jede harmonische Bewegung ist auf eine so genannte Ausholbewegung angewiesen. Beim Tennisaufschlag beispielsweise wird der Wurfarm betont über eine Ausholbewegung in die Gegenrichtung geführt, die Leistungsmuskulatur hierüber bis zu 120 Prozent gedehnt, wobei sie gleichzeitig bis zu 140 Prozent Kraft auftanken kann (siehe Seite 98).

Beim Vorfußgehen bleibt dieser Gegenschwung aus, und zwar in zwei Gelenkabschnitten:

→ In den Hüftgelenken fehlt der schwungvolle Streckvorgang, über den die Hüftbeuger über jeden Schritt gedehnt werden können.
→ Beim Vorschwingen des Fußes von hinten nach vorne fehlt die bewusste Fuß- und Zehenstreckung mit der schwungvollen Bodenlandung der Außenkante des Fußes im Fersenbereich.

Wird jedoch bei jedem Schritt über den Gegenschwung das Hüftgelenk ausreichend gestreckt, so erfolgt ganz nebenbei der Längenausgleich der verkürzten Hüftbeugemuskeln, die insbesondere durch das lange Sitzen in 90-Grad-Beugeposition chronisch verkürzt sind. Von dieser wiederholten Dehnung wird vor allem der Hüftlendenmuskel (Mr. I. alias m.iliopsoas) betroffen, der unter der langen Beugestellung beim Sitzen leidet (siehe auch *Das Hängebrücken-Ritual*, Seite 55 ff.). Besonders beim Stehen versetzt dieser verkürzte Muskel die Lendenwirbelsäule unter einen erhöhten Bandscheibendruck und er ist somit wesentlich für die Entstehung von Rückenbeschwerden verantwortlich.

Die betonte Hüftstreckung beim Gehen (siehe Illustration unten links) entspricht der typischen Storchenbeinposition nach den 7 Hanseaten (siehe Seite 100 –, hier dargestellt in der Illustration rechts). Diese Dehnung ist beim langen Sitzen und beim ständigen Vorfußgehen dringend ratsam, weil wie schon erwähnt der zielorientierte Vorfußgeher die Hüftgelenke bei jedem Schritt nur noch unvollständig streckt. Hier ist auch der Grund zu suchen, dass sich die Schrittlänge im Laufe unseres Lebens ständig verkürzt. Mit einer 10 cm Schrittlänge haben alte Menschen erhebliche Mühe, während der Ampelgrünschaltung eine Straße zu überqueren.

Beim Abrollen des Fußes in der Swingtechnik muss aus der hinteren Standposition heraus besonders auf die Fußstreckung geachtet werden und dies so lange, bis der Fuß erneut wieder vorne mit der Ferse über einen Horizontalschub auf dem Boden aufsetzt (siehe Illustration links). Über diese bewusste Fußstreckung wird gezielt die vordere Schienbeinmuskulatur aktiviert, die dann auch dafür sorgt, dass Waden- und Achillessehnen energiefördernd gedehnt werden, sodass hierdurch die Sprungfederfunktion der Achillessehne optimal zum Zuge kommt.

Dieser Vorgang führt gleichzeitig zu einem aktiven Dehnen der Wadenmuskulatur – und das bei jedem Schritt. Eine optimale Dehnung der Wade können Sie immer mal zwischendurch wahrnehmen (siehe unten). Insbesondere der chronische Vorfußgeher und Vorfußläufer ist gut beraten, wiederholt auf die Dehnung der Waden und Achillessehnen zu achten, wenn er schmerzhafte Funktionsschmerzen verhindern will, weil in der Swingtechnik die Waden bei jedem Schritt aktiv und ganz nebenbei gedehnt werden. (Dafür ist besonders geeignet der *Pferdsprung* nach den *7 Hanseaten*, siehe Seite 101 f.).

Über den verstärkten Gegenschwung aus der Hüfte wird bei jedem Schritt die verkürzende Stressspannung der Hüftbeuger ausgeglichen, sodass sich die Wirbelsäule besser entfalten und wieder neu aufrichten kann. Wie bereits erwähnt, sorgt insbesondere ein verkürzter Hüftlendenmuskel (M.iliopsoas, alias Mr. I) für eine verstärkte Abschwingung der Lendenwirbelsäule nach vorne – viele Bandscheibenprobleme hängen mit diesem lokalisierten Muskelstress zusammen. Dagegen lässt sich etwas tun: *Swing-*

technik heißt das Zauberwort. Sie richtet die Wirbelsäule wieder auf, macht Sie größer, körperbewusster und vernichtet Rückenschmerzen. Und das gelingt wie folgt:

Die bewusste Vorfußstreckung während der Vorschwungphase des Fußes nach vorne ist aktives Stretching für die Waden. Schwungvoll wird der Fuß von hinten nach vorne geführt und mit der Außenkante der Ferse bei einem zirka 20 Grad gebeugten Knie aufgesetzt. Sie landen jedoch nicht punktgenau auf dem Boden, sondern schießen etwas übers Ziel hinaus, um dann den Fuß sofort wieder zurückzunehmen. Der Fuß bewegt sich ähnlich wie der Huf eines scharrenden Pferdes auf dem Boden. Die Folge ist ein typischer gelenkschonender Horizontalschub auf dem Boden. Sie ziehen quasi den Boden wie ein Laufband unter Ihren Füßen hindurch.

Beim Vorfußgeher resultiert durch das betonte Knieheben ein starker Vertikalschub. Die Beine werden von oben nach unten und nicht wie in der Swingtechnik von vorne nach hinten bewegt. Der Vorfußgeher setzt beim vorderen »Touch down« gern mit der Hinterkante der Ferse auf und fällt sofort auf den Vorfuß – und das bei gestrecktem Knie, was dem Knorpel schadet.

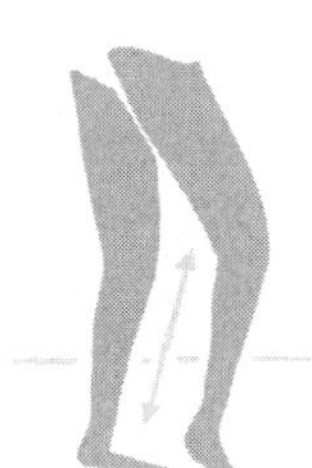

Bei der Swingtechnik rollt der Fuß nicht nur, sondern er schraubt sich auch unter Einbeziehung des unteren Sprunggelenks nach vorne – und zwar mit einem Innengewinde. Der Abrollvorgang des Fußes beginnt an der Außenkante der Ferse, läuft dann schräg über den Mittelfuß und endet hinten kurz vor Abheben des Fußes vom Boden zwischen der ersten und zweiten Zehe – und alles gelenkschonend mit leicht gebeugtem Knie.

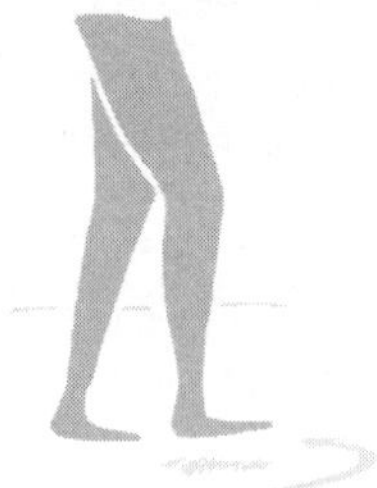

Swingtechnik auf der Treppe funktioniert nach den gleichen Kriterien wie am Boden und ist eine gute Hilfe, um diese Gangart zu erlernen. Wichtig ist wiederum, dass der Fuß auf der oberen Stufe nicht punktförmig aufsetzt, sondern über einen leichten Gegenschwung von oben zurückgenommen wird, wobei der Fuß außenkantig im Fersenbereich aufsetzt. Beim Heruntergehen von Treppen wird der vordere Fuß auf der nächsten unteren Stufe wiederum über den Gegenschwung von vorne nach hinten zurückgeführt. Der gesamte Fuß setzt auf und das Kniegelenk des vorderen Beines ist in leichter Beugestellung.

Geradezu optimal bewährt sich diese Technik auch auf dem Minitrampolin, weil auf der weichen Matte das Swingjogging extrem gelenkschonend praktiziert werden kann. Auch die Hände arbeiten nach der Swingtechnik: Sie können dabei Handgewichte mit Schlaufen (1.000 g pro Seite) tragen, sodass ein ständiger Faustschluss bewusst vermieden wird. In der Rückschwungphase der Hände herrscht die Fingerbeugung bis zum Faustschluss vor, das Vorschwingen der Arme und Hände wird bewusst von einer Hand- und Fingerstreckung begleitet.

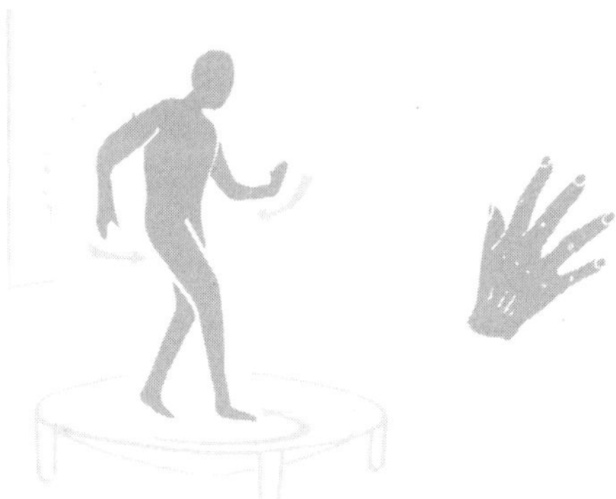

Wenn Sie Ihre Füße mit der Swingtechnik verwöhnen, wird es Ihnen der ganze Körper danken. Zu beherzigen ist stets: In der vorderen Landungsphase des Fußes ist das Knie zwischen 10 bis 20 Grad gebeugt, egal, ob auf ebenen Wegen, bergauf oder bergab. Hierdurch wird die Sprungfederfunktion des Fußes weiter verstärkt. Die Folge ist eine typische Tief-hoch-Belastung des ganzen Körpers wie beim alpinen Umsteigeschwung oder beim Langlaufskating. In der Rückschwungphase des Beines bewirkt die anschließende Beinstreckung eine betonte Körperverlängerung, der Mensch wird größer und körperbewusster.

Gehen nach der Swingtechnik macht größer und körperbewusster.

Nicht immer wird es uns leicht fallen, auf die lieb gewordenen Absatzschuhe und auf das Vorfußgehen zu verzichten. Aber wie wäre es, wenn Sie es ab und zu probieren, abwechselnd verfahren und damit experimentieren? Auch hier gilt wiederum, dass der Mix gesundheitserhaltend ist. Um eingefahrene Gewohnheiten zu durchbrechen, müssen Sie etwas Ungewöhnliches versuchen – und dazu eignet sich hervorragend der Rückwärtsgang!

Laufen Sie also wiederholt rückwärts und schalten Sie auf Treppen und Bergen ebenso mutig den Rückwärtsgang ein. Jeder Schritt rückwärts ist eine gleichzeitige Dehnung der Waden- und Hüftbeugemuskeln. Dieser Rückwärtsgang ist außerdem ein exzellentes geistiges Jogging, denn unser Gehirn lebt vom Überraschungseffekt. Auch wiederholt rückwärts gehen in der Aufstiegsphase hilft ermüdeten Muskeln auf die Beine, sie machen nämlich ganz nebenbei Beuger zu Streckern und umgekehrt Strecker zu Beugern.

Vorwärts treppab

Rückwärts treppauf

Der Wechsel ist die Chance der Präventivmedizin des 21. Jahrhunderts und Retrowalking ihre einfachste Ausdrucksform.

Rückwärts bergab

Rückwärts bergauf

7-Meilen-Stiefel-Ritual

Sie erleben wieder Freude beim Gehen und Laufen nach der Swingtechnik, verfügen über mehr Energie und können mühelos größere Strecken zurücklegen.
Rücken und Kniegelenke danken es Ihnen, denn sie werden bei jedem Schritt entlastet. Und auch Muskelzerrungen, Sehnenverletzungen oder lästige Fußprobleme lassen sich vermeiden.
Gehen nach der Swingtechnik ist die optimale Gangart mit eingebauten Stretchingeinheiten. Sie werden ein gesteigertes Körperbewusstsein erleben und sich größer fühlen.

Bewusste-Achtsamkeit-RITUAL

Bewusste Achtsamkeit ist der gelebte Augenblick, der unsere gesamte Aufmerksamkeit fokusartig bündelt und die Zeit relativiert. Bewusstes Spielen in der Kindheit zum Beispiel ist die volle Hingabe auf ein Geschehen. Kinder verlieren sich regelrecht im Spiel und haben im Gegensatz zu den Erwachsenen zum Tagesablauf oft einen grundsätzlich anderen Zeitbegriff. Doch auch wir kennen Phasen, in denen wir die Zeit vergessen, bei handwerklichen Tätigkeiten beispielsweise, beim Stricken und Häkeln, beim Tanzen usw. All das sind Aktivitäten, die typischen Wiederholungscharakter aufweisen: den Rhythmus der Bewegung und der Musik, die stereotypen Wiederholungscharakter aufweisen: den Rhythmus der Bewegung und der Musik, die stereotype Bewegung der Finger.

Bewusste Aufmerksamkeit geht vielfach von der Wiederholung der Wiederholung aus. Wiederkehrende Vorgänge sind es, die die eben erlebte Vergangenheit wieder in die Gegenwart zurückholt. Naturvölker, wie beispielsweise die meisten Afrikaner, leben in ihren Traditionen besonders stark von der Kraft der Wiederholung. Wiederholungsstrukturen machen Vorgänge deutlicher, bekräftigen sie. Rhythmische Bewegungen, sich wiederholende, also repetitive Strukturen in der Musik setzen innere Kräfte frei, sie entfalten geistige und körperliche Energien.

Auch alle führenden Weltreligionen leben aus der Kraft repetitiver Strukturen, die in die Meditation führen: so etwa die Juden an der Klagemauer über Pendelbewegungen des Körpers, die tanzenden Derwische im Islam durch wiederholende Drehspiralen, und im Buddhismus sind es die ständig wiederkehrenden Schwingungen eines Gongs sowie der unendliche Rhythmus der Gebetsmühlen.

Meditative Entspannung wird insbesondere in Afrika über typische Trommel- und Tanzrhythmen vermittelt, die eine Veränderung des Tagesbewusstseins bewirken. Dadurch verschwinden innere Spannungsfelder, gleichzeitig werden neue geistige und körperliche Energien freigesetzt. Die gleichen wiederkehrenden Strukturen findet man in den tunesischen Hochzeitstänzen und in den Berbertänzen Nordafrikas. Aufmerksames Tun und Handeln in Verbindung mit repetitiven Strukturen in der Musik charakterisieren auch den Flamenco. In diesem Falle ist ebenso wie beim Bolero die rhythmisch gesteuerte Synchronisation zwischen Musik und Körperbewegung so stark, dass nicht nur die Tänzer, sondern auch das Publikum in einen regelrechten Bann gezogen werden.

Repetitives Meditationstraining (das so genannte RMT) vermittelt bewusste Achtsamkeit und verändert das Tagesbewusstsein. Mehr dazu ist in unserem Buch *Topfit durch Nichtstun. RMT – die Formel für optimale Energie (mit CD)* nachzulesen (Gerd Schnack und Hermann Rauhe, Kösel-Verlag, München 2001). Das aktuelle Tagesbewusstsein wird, wie wir bereits am Anfang dieses Buches geschildert haben, immer mehr von Stress bestimmt, denn unser heutiges Leben ist nicht nur schnelllebig, sondern auch überaus hell und laut. Stress hat uns allenthalben fest im Griff. In unserem Wachbewusstsein herrschen im Gehirn die schnellen Frequenzen der Betawellen zwischen 15 bis 30 Hertz vor.

Im Gegensatz zum Tagesbewusstsein haben wir aber ebenso Erfahrung mit unserem Nachtbewusstsein, das aber immer weniger von absoluter Ruhe und Entspannung geprägt ist. Der stressfördernde Kampfnerv Sympathikus beeinflusst nachhaltig auch das Nachtbewusstsein: Er macht sich bemerkbar durch unruhigen Schlaf mit Schlaflosigkeit über Stunden, durch nächtliche Muskelverspannungen mit Zähneknirschen und vermehrten Zahnschmelzabrieb, und diese Muskelverspannungen führen außerdem zu Kopf- und Rückenschmerzen. Seit Edison die Glühbirne erfunden hat, kennt man kaum noch dunkle Schlafzimmer und der Mensch schläft im Schnitt zwei Stunden weniger als vor 100 Jahren.

Stress bestimmt im 21. Jahrhundert nicht nur das Tages-, sondern auch das Nachtbewusstsein.

Neben dem Tages- und Nachtbewusstsein gibt es eine dritte Erregungsstufe des Gehirns, das meditative Bewusstsein. Im durch den Buddhismus geprägten Osten ist das meditative Bewusstsein hoch entwickelt, in Westeuropa ist es uns weitgehend abhanden gekommen, es sei denn, es wird entsprechend geschult.

Das meditative Bewusstsein stellt sich im Gehirn in 3 Erregungsstufen dar:

- Die erste Stufe entspricht gelöster Entspannung, ausgedrückt durch Alphawellen im Gehirn zwischen 7 bis 15 Hertz.
- Das zweite Stadium, nachgewiesen durch Tetawellen zwischen 4 bis 7 Hertz, entspricht der tieferen Meditation. Der Parasympathikuseinfluss (Entspannungsnerv) macht sich nachhaltig bemerkbar. Atmung, Herz und Kreislauf sowie die quer gestreifte Muskulatur entspannen sich und fördern gleichzeitig alle regenerativen Vorgänge im gesamten Magen-Darm-Bereich.
- Im dritten und tiefen Stadium der Meditation herrschen im Gehirn Deltawellen zwischen 0 bis 4 Hertz vor. Der körperliche Zustand gleicht sich dabei dem Anästhesiestadium an.

Das *Ritual der bewussten Achtsamkeit,* die Anlage zur repetitiven Meditation, ist jedem von uns angeboren, denn wir sind mit ihm seit der embryonalen Phase vertraut. Spätestens mit der 20. Woche kann das Kind im Mutterleib hören. Der Uterus ist eine regelrechte Hörbox, denn menschliche Entwicklung findet in diesem Stadium im Wasser statt und Wasser ist bekanntlich der bessere Tonüberträger als Luft. Ab der 20. Woche wird das Gehörte aber auch bereits im Gehirn wahrgenommen, gespeichert und somit als erste Sinneserfahrung festgehalten. Die repetitiven Strukturen in dieser pränatalen Zeit werden durch die Mutter geschaffen: durch die ständige Ein- und Ausatmung, den Herzschlag, aber auch durch bestimmte Schwingungen der Sprache und den Gehrhythmus.

Die Differenzierung des Gehirns ist in diesem Zeitabschnitt schon so weit fortgeschritten, dass über die Vernetzung der Gehirnzellen bereits Botschaften im Sinne der Assoziation miteinander ausgetauscht werden können. Während der gesamten Zeit in Mutters Schoß finden tiefe Prägungen statt und das aktuelle Kindbewusstsein wird geformt durch Ruhe, Entspannung, Geborgenheit und Rundumversorgung. Dementsprechend reagieren natürlich alle Babys auch nach der Geburt auf die Wiegebewegung ihrer Mutter mit Entspannung, Ruhe und Geborgenheit oder werden, wie überall auf der Welt, durch typische Wiegenlieder in den Schlaf gesungen.

Die frühe Erfahrung repetitiver Strukturen macht es möglich, auch im späteren Leben durch die Wiederholung der Wiederholung ein perfektes Antistressmanagement einzuleiten. Dieser Effekt ist zu vergleichen mit dem hohen Erinnerungswert einer neuen Melodie, die wir vielleicht erstmalig im Urlaub hörten und die nun – wieder zu Hause – sofort innere Bilder der Reise weckt, sobald die ersten Töne des Lieds erklingen.

Das Ritual der bewussten Achtsamkeit ist Antistressmanagement pur.

Repetitive Grundmuster sind es also, die einen hohen Memoryeffekt auch im späteren Leben auslösen, weil sie sozusagen das erste Lernprogramm des Menschen darstellen. In einem Gehirn, das sich im Entwicklungsstadium befindet, fallen solche Eindrücke quasi auf einen »unbestellten Acker« und aus der Verhaltensforschung ist bekannt, dass besonders frühkindliche Erfahrungen im späteren Denken eines Menschen einen hohen Stellenwert einnehmen. Hierin ist wohl auch der Grund zu suchen, dass alte Menschen – quasi einer inneren Stimme gehorchend – bevorzugt an den Ort ihrer Kindheit zurückkehren.

Stress lässt sich bildlich gesprochen mit der starken Brandung einer rauen See vergleichen, wobei tiefe Meditation nachhaltig durch das Bild »Still ruht der See« wiedergegeben werden kann. Die repetitive Wiederholung wird optimal mit dem sanften Spiel der Meereswellen ausgedrückt. Kaum jemand von uns kann sich einer meditativen Entspannung entziehen, wenn er dem ewig wiederkehrenden Kommen und Gehen der Wellen begegnet.

In einer »rhythmischen Stimmungsbox« wird also dem Menschen schon im Mutterleib repetitive Meditation beigebracht. Er erlebt diese Rundumentspannung in tiefer Hockposition und über die Ausbildung des Gleichgewichtsorgans im Ohr können aus dieser Stellung heraus aktuelle Muskelspannungen ans Gehirn weitergeleitet werden. In tiefer Hocke befinden sich die quer gestreiften Muskeln des Rückens und der Extremitäten in einem bestimmten Dehnungszustand und aus dieser Stellung heraus sind es kleine Nervenspindeln, die eine entsprechende Lageinformation an das zentrale Nervensystem weiterleiten. In seiner Hör- und Stimmungsbox befindet sich der kleine Mensch in tiefer Entspannungshocke, wobei diese Körperstellung im späteren Leben optimal zur Meditation genutzt werden kann. Wie schon in diesem Buch erwähnt, bietet der Mensch im gestreckten Zustand dem Stress die größte Angriffsfläche, alle Antennen sind ausgefahren und voll auf Sendung. Über die tiefe Entspannungshocke kann er sich jedoch jederzeit in seinen »imaginären Uterus« aus dem aktuellen »Kampffeld« zurückziehen und mit repetitivem Meditationstraining dem Stress auf optimale Weise begegnen.

Diese schöne Welt der Rundumversorgung im rhythmischen Auditorium der Stimmungsbox endet abrupt mit der Geburt. Stress pur prägt die erste Begegnung mit einer rauen Welt, die wir mit lautem Schrei und geballten Fäusten betreten. Aus wohliger Wärme einer geschützten Hülle werden wir in einen regelrechten Kühlschrank geschleudert und die bis zu diesem Zeitpunkt sorgsam geschützte Babyhaut muss sich mit den rauen Händen des Geburtshelfers auseinander setzen. Schlechte Tonvermittlung ist angesagt, denn im Gegensatz zum Fruchtwasser leitet die atmosphärische Luft den Ton deutlich reduziert, weshalb das kleine Wesen auf distanzierte Taubheit schaltet. Auch der maximale Faustschluss der Hände ist übrigens eine typische Stressreaktion, im späteren Leben dann steht die geballte Faust ebenfalls für Macht, Stärke, Drohung – für Stress pur.

Instinktmäßig reagiert jede Mutter richtig auf die erste prägende Stresssituation ihres Babys. Dieses Urverhalten ist so stark, dass es keiner Vorbereitungslehrgänge bedarf, um werdenden Müttern die typische Wiegebewegung zur Beruhigung ihres Babys beizubringen. Dieser so genannte mütterliche »Instinkt« ist so stark ausgeprägt, dass er jederzeit unvorbereitet abgerufen werden kann. Kennzeichnend ist die Links-Rechts-Bewegung der Arme und Hände, wobei die Wirkung nachhaltig gesteigert werden kann, wenn synchron zur repetitiven Körperbewegung typische Wiederholungsstrukturen in der Musik genutzt werden, wie zum Beispiel die unvergessene Melodie von Johannes Brahms: »Guten Abend, gut' Nacht, mit Rosen bedacht, mit Näglein besteckt, schlupf' unter die Deck'. / Morgen früh, wenn Gott will, wirst du wieder geweckt, morgen früh, wenn Gott will, wirst du wieder geweckt.«

Wir sehen also: Repetititves Meditationstraining ist ein äußerst wirksames Antistressmanagement, das wir früh gelernt haben und später ohne Anstrengung in den Alltag einbauen können. Meditation bewirkt, dass der über unser autonomes Nervensystem durch Stress nach vorne gepeitschte Kampfnerv (Sympathikus) zurückgenommen wird. Sein Gegenspieler, der Beruhigungsnerv (Parasympathikus oder Vagus), gewinnt durch diese Wachablösung die Oberhand. Die Stresskaskade mit Aktivierung des Sympathikus erfolgt im Körper automatisch – im Gegensatz hierzu muss der Gentleman Parasympathikus (Beruhigungsnerv) als Gegenspieler bewusst in Szene gesetzt werden. Auf diesen Aspekt sind wir bereits näher auf Seite 17 ff. eingegangen.

Repetititves Meditationstraining ist die direkte Antwort auf Stress und diese allumfassende Entspannungswirkung ist höher einzustufen als beispielsweise kräftezehrendes Jogging, wie eine aktuelle amerikanische Studie der Universität in Fairfield/Indiana nachweist. Nach dieser Untersuchung hat Meditation eine höhere Schutzwirkung gegen die gefürchteten Herz-Kreislauf-Erkrankungen (wie Herzinfarkt und Schlaganfall) als Bewegungstraining. Bei einer Ultraschallmessung konnte nachgewiesen werden, dass sich die lichte Weite der Kopfschlagader in der meditativen Gruppe deutlicher verbessert hatte als bei der Vergleichsgruppe mit körperlicher Aktivität.

Meditation schützt unser Herz mehr als kräftezehrendes Jogging.

Das *Ritual der bewussten Achtsamkeit* ist also zum Stressabbau idealer als Jogging, Walking, Radeln und Schwimmen. Repetitives Meditationstraining ist ein Fitnesstraining durch Nichtstun, denn es geht *nicht* um Leistung und Anstrengung. Im Vordergrund steht vielmehr ein inneres geistiges und körperliches Loslassen, ein Fokussieren von Körper und Geist.

Meditationstraining mit Wiederholungscharakter entfaltet insbesondere seine Entspannung im gesamten Herz-Kreislauf-Sektor, entlastet in ganz besonderer Weise das Herz und senkt einen gefährlichen Bluthochdruck ab. Die Hauptgefahr bei Stress geht vom Herzinfarkt aus, wobei langfristig der Herz-Kreislauf-Sektor durch Bewegungsmangel und Fehlernährung weiter geschädigt wird. Von den rund 300.000 Herzinfarkten allein in Deutschland pro Jahr enden immerhin 100.000 Fälle tödlich. Diese erschreckend hohe Zahl könnte durch ein entsprechendes Stressmanagement nahezu halbiert werden (40 bis 50 % nach WHO).

Im Gegensatz zum zeit- und leistungsfordernden Jogging kann das repetitive Meditationstraining (RMT) überall und praktisch rund um die Uhr ohne Mühe und Schweiß umgesetzt werden. Das *Ritual der bewussten Achtsamkeit* ist die präsente Lösung am Arbeitsplatz, auf dem Weg zur Arbeit, auf Reisen, zu Hause oder zur Gestaltung schöpferischer Pausen nach folgendem Muster:

→ Gehen Sie in die Stille, setzen oder legen Sie sich entspannt hin und schließen Sie die Augen.

→ Achten Sie dabei bewusst auf die Ein- und Ausatmung, denn diese so genannte körperliche Projektionsebene führt zur konzentrischen Sammlung des Körpers.

→ Auf der geistigen Projektionsebene nehmen Sie ein Leitwort oder eine Leitmelodie hinzu. Das bündelt Ihr Denken. Sorgen und Ängste werden auf diese Weise ausgeblendet.

→ Und nun geht es um die Gleichschaltung von Atmung, Leitwort oder Leitmelodie. Über diese Synchronisation der geistigen und körperlichen Schwingungsebenen entsteht ein neues kreatives Gedankengut und eine umfassende körperliche Entspannung.

→ Treten in diesem Meditationsprogramm erneut störende Gedanken auf, so wehren Sie sie nicht ab, sondern setzen einfach den begonnenen Rhythmus von Atmung und Leitwort fort.

Beim *Ritual der bewussten Achtsamkeit* fällt nach etwa 10 bis 15 Minuten Stress von uns ab und der Kampfnerv (Sympathikus) muss der umfassenden Entspannungswirkung seines Gegenspielers, des Beruhigungsnervs (Parasympathikus oder Vagus) Platz machen mit folgendem Ergebnis:

- → In der Meditation geht die Atemfrequenz auf 4 bis 6 Atemzüge pro Minute zurück, die Brustatmung wechselt automatisch auf die zwerchfellbetonte Bauchatmung. Unter normaler Tagesbelastung haben wir eine seitliche Brustatmung mit 16 Atemzügen pro Minute, und wesentlich schneller noch unter Stress.
- → Der Blutdruck sinkt ab, die Herzfrequenz nimmt ab. Eine verbesserte Sauerstoffversorgung des gesamten Herz-Kreislauf-Systems und aller Körperzellen setzt ein. Bereits nach 5 Minuten RMT sinkt der allgemeine Sauerstoffverbrauch um 10 bis 17 Prozent.
- → Die quer gestreifte Muskulatur, besonders im Rücken, entspannt sich. Meditation ist ein exzellentes inneres Stretching.
- → Meditation schafft ein kreatives Gedankengut. Sie löst regelrecht geistige Höhenflüge aus. Unter Stress dagegen kann man schwer einen klaren Gedanken fassen.
- → Alle regenerativen Vorgänge im Körper werden gefördert: Die Bauchorgane reagieren mit deutlicher Steigerung des körperlichen Wohlbefindens, vor allem die Verdauungsorgane.
- → Das Ritual der bewussten Achtsamkeit bewirkt eine spezielle Dehnbarkeit der Zeit. Die Zeit verlangsamt sich oder bleibt quasi stehen.

> Das Ritual der bewussten Achtsamkeit ist die wirksamste Antistressstrategie.

Das Bewusste-Achtsamkeits-Ritual in der täglichen Praxis

Schlafstörungen

Wir leben in einer lauten und hellen Welt. Viele Negativbotschaften prägen den Alltag und die Folge sind Schlafstörungen, die die Gesundheit gefährden.

RMT ist die Antwort für jede Schlafunterbrechung in der Nacht oder bei frühem Erwachen am Morgen. Nach 10 bis 15 Minuten beginnt eine umfassende geistige und körperliche Entspannung.

Schöpferische Pausen

Diktierte Pausen, Reiseunterbrechungen, Verkehrsstaus auf den Autobahnen etc. sind in der Regel mit hohem Stressaufkommen verbunden. Nehmen Sie den Stress an und begegnen Sie ihm mit RMT.

Schöpferische Pausen mit RMT im Flughafengelände zum Beispiel bringen mehr Gewinn als planloses Flanieren vor noch so interessanten Schaufenstern. Setzen Sie sich stattdessen in eine abseitige Ecke, schließen Sie die Augen, entspannen Sie sich und beginnen Sie mit Atmung und Leitwort.

Megaschlaf am Arbeitsplatz

Jeder Mensch erlebt zwischen 13 und 14 Uhr sein biologisches Tief. Wenn er es missachtet, sind am späten Nachmittag oft die geistigen und körperlichen Reserven erschöpft. Gestalten Sie deshalb einen Teil der Mittagspause über 15 bis 20 Minuten einmal anders und setzen Sie das RMT ein. Auch wenn dies nicht immer möglich ist: Ein paar Minuten wenigstens findet jeder irgendwo ein ungestörtes Plätzchen, um auftanken zu können. Die körperliche Antwort ist prompt und gewinnbringend

Megapause auf der Autobahn

Die meisten Unfälle auf der Autobahn sind auf Übermüdung zurückzuführen. Der Sekundentod ist allgegenwärtig. Und diese gefährlichen Aussetzer können kaum mit lauter Musik oder Zugluft aus den Seitenfenstern behoben werden.

Die Antwort bei Müdigkeit im Auto lautet: Fahren Sie sofort auf einen Parkplatz, riegeln Sie Ihr Auto von innen ab, setzen Sie sich entspannt nach hinten, schließen Sie die Augen und repetieren Sie. 15 Minuten Megapause auf der Autobahn bringen völlig neuen Elan und lassen die erlebte Anstrengung vergessen. Probieren Sie es aus!

Lampenfieber/Prüfungsangst

Das Gefühl, »Schmetterlinge im Bauch« zu haben, kennt jeder: vor besonderen Prüfungen und anderen Herausforderungen, ja, oft genügt schon der frei gesprochene Satz vor einem größeren Gremium. Der Kopf ist leer, die Hände sind kalt und alles Gelernte bzw. das, was man sich zurechtgelegt hat, ist vergessen.

Egal, wie angespannt die Situation ist: Vermeiden Sie Gespräche mit anderen Stressgeplagten. Suchen Sie sich stattdessen lieber eine ruhige Ecke, setzen Sie sich entspannt hin, schließen Sie die Augen und repetieren Sie. Schon nach kurzer Zeit werden Sie sich wesentlich gelassener fühlen und den Herausforderungen mit mehr Zuversicht und Selbstbewusstsein begegnen können.

Leistungssteigerung im Sport

Nach starker körperlicher Belastung wie zum Beispiel nach einem längeren Ausdauertraining verkürzt RMT sogar die Regenerationszeit. Muskuläre Verspannungen werden wie von selbst aufgelöst – RMT wirkt als ein besonderes inneres Stretching. Puls und Blutdruck normalisieren sich, alle Körperzellen werden optimal mit Sauerstoff versorgt.

Flugangst

Für viele ist die Start- und Landephase im Flugzeug der pure Stress. Das Herz klopft bis in die Ohren hinein, die Finger sind feucht und liegen nur noch verkrampft auf den Armlehnen. Jeder Tanz der Maschine in Turbulenzen verstärkt die Stresssituation nachhaltig. RMT wird bei Flugangst zum beschützenden Engel. Mit ein bisschen Übung werden Sie schnell feststellen, dass es sie entspannt und locker durch die Wolken führt und Sie gut wieder auf den Boden bringt.

7 – Zahl der Vollkommenheit

Zahlen sind numerische Ausdrücke unseres Rechensystems, in erster Linie linear, in geordneten Reihen: Zwei kommt nach eins, vier nach drei etc. Alles verläuft geordnet und systematisch, sozusagen linear. Als Input dient insbesondere das linke Gehirn, in dem lineare Strukturen sequenziell gespeichert werden. Wie an einer Perlenschnur gezogen gehen die Informationen ein, alles ist klar artikuliert, das Denken unterliegt einer logischen Steuerung.

Für Bilder, Symbole, räumliche Aufteilung und speziell für musikalische Botschaften ist das rechte Gehirn zuständig. Es benutzt bevorzugt Augen und Ohren als Empfangspole und arbeitet komplex, nicht linear wie die linke Gehirnhälfte. Die einlaufenden Botschaften werden nicht der Reihe nach geordnet, sondern unsere rechte Gehirnhälfte speichert parallel, simultan und die räumliche Einordnung geschieht quasi dreidimensional. Rein rechnerisch ordnen wir eine Zahl zunächst unserem linken Gehirn zu, geben ihr also eine quantitative arrhythmische Bedeutung. Eine Zahl kann aber auch an qualitativen symbolischen Werten gemessen werden, wenn unter Ein-

Wenn Zahlen mit Bildern kombiniert werden, prägen sie sich intensiver ein.

beziehung der rechten Gehirnhälfte symbolische Bildbotschaften hinzukommen – immer dann können wir eine Zahl besonders gut erinnern. Es entsteht der in diesem Buch schon genannte Memory-Effekt.

Picken wir uns nun im Folgenden die Zahl 7 heraus, der eine besondere Sinnbildlichkeit zukommt. Die 7 stellt zum einen die reine numerische Größe dar, zum anderen ist in ihr aber auch eine unsichtbare Idee enthalten. Im kosmischen Denken sind Zahlen Ausdruck der Schöpfung, von ihnen geht eine Symbolkraft für alle greifbaren und fassbaren Dinge um uns herum aus. Auf diese Weise wird von den Menschen über die Zahl die göttliche Unendlichkeit in der endlichen Dimension begriffen. Die Zahl ist so gesehen die Verbindung unserer irdischen Begrenzung zur göttlichen Unendlichkeit, die Verbindung von Anfang und Ende.

Demnach ist die Zahl sozusagen der Maßstab aller Dinge dieser Welt. Zahlen sind das Grundgerüst unseres Denkens, stehen im Zusammenhang mit unseren Bewegungen, mit der räumlichen Ausdehnung. Zahlen gestalten jede Musikform, alle Harmonien, Zahlen führen uns schließlich auf den Grund aller Dinge. Die Zahl ist praktisch gesehen das prägende Symbol der gesamten Schöpfung. In dieser Schöpfungsgeschichte stellt die 7 die Zahl der Vollkommenheit dar. 6 Tage in der Woche sind für Arbeit vorgesehen (die 6 erscheint für menschliche Eigengröße, für Selbstkraft), während am siebten Tag, am Sabbat, Ruhe und Entspannung angesagt sind.

Die Zahl 7 steht für Ruhe, Entspannung, für Antistress.

7 Festtage bestimmt das Gesetz im alten Israel und das siebte Jahr war das Sabbatjahr für das ganze Land. Aber auch rein irdische Erscheinungsbilder folgen der symbolischen 7: Die vier Monderscheinungen wechseln in einem 7-Tage-Rhythmus. Alle 7 Jahre regeneriert sich das menschliche Zellsystem von Grund auf neu. Die 7-Tonleiter bestimmt unser Tonsystem, denn mit dem

achten Schritt beginnt eine neue Oktave. Die Erde besteht aus 7 Weltmeeren, die 7 Kontinente umfassen.

In diesem Buch erscheint die 7 ebenfalls als prägende Richtzahl: Wir praktizieren 7 Sekunden Dehnungszeit beim Elastizitätstraining pro Gelenkeinheit, 7 Wiederholungen beim dynamischen Krafttraining, wenn eine Last siebenmal gegen die Schwerkraft der Erde bewegt werden muss, und halten 7 Sekunden muskuläre Widerstandsspannung zur Kraftverstärkung beim isometrischen Aufbautraining.

> 7 Sekunden Dehnungszeit beim Stretching.
> 7 Sekunden Muskelanspannung beim isometrischen Krafttraining.
> 7-malige Kraftwiederholung beim dynamischen Krafttraining

Eine umfangreiche skandinavische Sportstudie weist aus, dass 6 bis 8 Sekunden Dehnungszeit ausreichen, um die regionale Stressspannung aus einem einseitig überbelasteten Muskel zu beseitigen, wobei die Entspannungswirkung bei fortgesetzter Arbeit 90 Minuten anhält. Intensive einseitige Belastungen (z.B. Computerarbeit) sind auf gezielte Entlastungsintervalle über jeweils 7 Stunden im 2-Stunden-Rhythmus angewiesen (siehe auch das *Adlerschwingen-Ritual*, Seite 95 ff.).

Intensivstretching (ISM) ist die gezielte und wiederholte Ausgleichsdehnung über 7 Sekunden im Zwei-Stunden-Rhythmus einseitig überlasteter Gelenkabschnitte.

Beim peripheren Antistresstraining sind wir im Adlerschwingen-Ritual mit Ihnen auf eine imaginäre Weltreise gegangen (siehe Seite 100 ff.). Wir empfehlen Ihnen, immer wieder einmal dorthin zu blättern, denn diese Bildgeschichte bleibt leicht in Erinnerung und wird schnell zum täglichen Ritual. Gehen Sie also mit den 7 Hanseaten auf eine virtuelle Segeltour zu den 7 Kontinenten und gönnen Sie sich ein spezielles und besonders wirksames Stretching, das nur wenig Zeit braucht und jede Stresssituation im Nu entschärft.

7 – Die Zahl der Vollkommenheit

7 Übungen für die wichtigsten Spannungsfelder im Körper. 7 Sekunden für ein Stretching. 7 Wiederholungen in den Ritualen. – Die Zahl 7 kann gut verinnerlicht werden und dafür sorgen, dass Körper und Seele in Balance kommen und wir uns wieder heil und ganz fühlen.

Motivation mit Sinn

Auf den vorangegangenen Seiten haben Sie unterschiedliche Rituale kennen gelernt, mit denen Sie Ihren stressigen Alltag gut managen können. Suchen Sie sich diejenigen Rituale heraus, die Ihrer momentanen Befindlichkeit am ehesten entsprechen, oder probieren Sie einfach der Reihe nach aus, was Ihnen gut tut.

Rituale leben von einer bestimmten Struktur, aber auch von der Wiederholung, das heißt also, jedes Ritual wird seine Wirksamkeit erst dann optimal entfalten können, wenn Sie seine Gesetzmäßigkeiten mit einer gewissen Disziplin in Ihr Leben einbauen. Für dieses Unterfangen brauchen Sie einen entscheidenden Motor: die Motivation.

Gemeinhin akzeptieren wir alle, dass der Mensch Gesetze braucht, doch mit der realen Umsetzung ist es so eine Sache. Gesetze können uns regelrecht erschlagen, machen uns unfrei. Allerdings wissen wir ebenso gut, dass ohne Verkehrsregeln ein reibungsloses Reisen nicht möglich ist. Gesetze sind wichtig, aber der Hang zur Übertretung ist ebenso groß. Der Verlockung, bei Rot die Straße zu betreten, ist wohl jeder von uns schon einmal erlegen. Und die verbotene Parklücke wird häufig genug mit der leicht verfügbaren Warnblinkanlage blockiert.

In früherer Zeit stand die Erziehung betont unter der so genannten Befehlspeitsche, diszipliniertes Handeln war das Schmieröl im gesellschaftlichen Räderwerk. Demutshaltungen prägten den Alltag und Dienen sowie Pflichterfüllung waren die beherrschenden Maximen im Berufsalltag. Der Preußenkönig Friedrich der Große pflegte von sich zu sagen: »Ich bin der erste Diener meines Volkes«, und lebte dies seinen Untergebenen auf Schritt und Tritt vor.

Pflichterfüllung, Ehre, Dienen, Vaterlandsliebe – dies sind Begriffe einer längst vergangenen Epoche und können im Zeitalter der individuellen Freiheit zur Motivation des Einzelnen nicht mehr herangezogen werden. Freiheit kann jedoch nur dann sinnvoll gelebt werden, wenn in Anlehnung an die bipolare Grundausrichtung des Lebens sich die Freiheit des Einzelnen auch an der Freiheit des Nachbarn messen lässt. Mit anderen Worten: Was ich mir selbst erlaube, muss ich auch anderen zugestehen. Diese Haltung der Toleranz beinhaltet demzufolge, dass wir inmitten der individuellen Freiheit bestimmte Gegebenheiten bzw. Regeln anerkennen.

Das kommt auf diese Weise dem anderen zugute, aber wir können dies auch selbst für unseren Vorteil nutzen, zum Beispiel: Eine rote Ampel lässt uns zwar warten, aber die bestehende Regelung bringt uns andererseits auch schneller ans Ziel, weil nach einem bestimmten Rhythmus jeder mal losfahren kann. Oder: Regeln im Sport sind ebenfalls sinnvoll und haben immer etwas mit Fairness zu tun. Wenn beispielsweise während des Fußballspiels jeder tun und lassen könnte, was er wollte, würde die Bundesliga sicherlich zu einer Lachnummer verkommen.

Sinnlosigkeit ist die Fallgrube jeder Motivation.

Regeln akzeptieren wir, wenn wir deren Sinn verstanden haben. Und dieser sinnvolle Ansatz ist es, der einen regelrechten Motivationsturbo in Gang setzt. Eine Sache muss Sinn machen. Gefragt ist Sinn für den Alltag und auch das tägliche Handling muss stimmen, das heißt, ohne viel Mühe, ohne viele Umstände muss es in kürzester Zeit gelingen, ein wirksames Stressmanagement zu realisieren. Dieses Prinzip berücksichtigen im Übrigen auch alle Rituale in diesem Buch.

Klettersteige in extremen Gebirgslandschaften, Wildwasserfahrten in reißenden Gewässern, Barfußlaufen über Scherben etc. mag zwar den Mut des Einzelnen in bestimmten Situationen zum Ausdruck bringen, für den Praxisalltag und für eine nachhaltige Verhaltensänderung auf Dauer haben diese Methoden versagt, wie inzwischen in zahlreichen Untersuchungen nachgewiesen werden kann. Es mag auch gelingen, mit diesen Balanceakten Phobien zu beseitigen, kann jedoch der Betroffene in der jeweiligen Aktion keinen Sinn entdecken, versagen diese Methoden in jedem Falle. Manche Motivationstrainer sind leider auch bestrebt, die Festplatte im menschlichen Gehirn umzuprogrammieren, das heißt, man setzt die äußere »erzieherische Brechstange« an, ohne auf die individuellen Wünsche und Bedürfnisse des Einzelnen im Wesentlichen einzugehen. Motivationstraining mit Sinn dagegen gibt den Teilnehmern wirksame Hilfen an die Hand, die problemlos im Alltag umgesetzt werden können.

Wichtig ist, sich stets vor Augen zu führen: Der mentale Motivationsturbo zündet nur in einem Wechselspiel zwischen dem rechten und linken Gehirn, gefragt ist also das ganzheitliche Denken. Dabei nutzt man die komplexe Reaktionsweise der rechten Seite, in der unsere Gefühlswelt zu Hause ist, um ermutigende Erfahrungen aus der Vergangenheit zur allgemeinen Stimulation zu nutzen. Das linke Gehirn arbeitet rein analytisch, beherrscht die linearen Strukturen und sorgt schließlich dafür, dass das angestrebte Ziel realisiert wird. Unsere westliche Schulausbildung sowie modernes Computerdenken haben die Strukturen des linken

Gehirns jedoch so weit nach vorne gebracht, dass sie die rechte Gehirnhälfte regelrecht haben verhungern lassen: Unser rechtes Gehirn denkt in Bildern und arbeitet musikalisch – wenn also im Schulunterricht Stunden gestrichen werden sollen, stehen zum Beispiel die Musikfächer zuerst auf der Abschussliste.

Um uns adäquat entwickeln zu können, brauchen wir jedoch beide Seiten der Medaille. Wir brauchen Balance zwischen Denken und Fühlen: Wollen wir unser Verhalten ändern, so müssen wir neben dem linken Gehirn besonders das rechte Gehirn ansprechen, damit wir nicht demotiviert werden. Will man Überzeugungsarbeit leisten, so muss man Herzen berühren, und der Weg vom Kopf zum Herzen findet seine Eingangspforte über die rechte Gehirnhälfte. Jede Verhaltensänderung geht primär über den Aufbau von Beziehungen und dieses Klima wird entscheidend von Gefühlen und nicht von Wissen geprägt.

Wissen und Kognition geben dem Menschen nur die Hälfte in der Motivation. Mit dem Aufbau von Gefühlen und Beziehungen über die rechte Gehirnhälfte wird dagegen mehr als das Doppelte geschafft, weil nun neben dem Kopf auch das Herz mitschwingt. In jeder Motivationsarbeit steht Beziehung vor Inhalt, denn nur über positive Gefühle, über Bilder, über Musik ist der Weg vom Kopf zum Herzen zu schalten. Auf diese Art schaffen wir neben Sensibilität auch Emotionen und erst auf diesem Wege sind nachhaltige Verhaltensänderungen zu erreichen.

Sprache informiert, drückt auch den persönlichen Status aus und kann bei entsprechender Zielgebung und Wiederholung Menschen beeinflussen, aktiviert aber nicht das rechte Gehirn, ja, Sprache wird von der rechten Gehirnhälfte nicht einmal verstanden. Jede Verhaltensänderung setzt daher eine ganzheitliche Kommunikation voraus, über die Kopf und Herz zusammengeführt werden. Motivation zur Verhaltensänderung beginnt mit der sprachlichen Kommunikation. Nach der Ansprache sind dann besonders sinnvolle Strategien gefragt, die über Bild- und Musikbotschaften die notwendige Beziehungsebene schaffen. Bildbotschaften weisen, wie schon erwähnt, einen hohen Memoryeffekt auf und bleiben deshalb stärker in Erinnerung. Wenn dann noch aktivierende oder auch entspannende Musik hinzukommt, kann eine Atmosphäre der Freude und Begeisterung entstehen, die es uns leicht macht, Lernprogramme – in diesem Fall auch Rituale – mit Lust und Laune umzusetzen.

So zünden Sie den mentalen Motivationsturbo

→ Stellen Sie fest, ob das, was Sie vorhaben, für Sie sinnvoll ist.
→ Werden Ihre Interessen und Begabungen dabei genügend berücksichtigt?
→ Weckt das, was Sie tun, in Ihnen Vertrauen und Hoffnung?
→ Fordern, aber *über*fordern Sie sich nicht!
→ Trainieren Sie ganzheitliches Denken: Lassen Sie also auch Bild- und Musikbotschaften zum Zuge kommen.
→ Wählen Sie Vorhaben, die zeitlich für Sie machbar sind.
→ Übernehmen Sie die Verantwortung dafür.
→ Zeichnen Sie kurzfristige Erfolge auf, um sich weiter zu motivieren.
→ Schaffen Sie sich Rituale: Rituale sind praktisch und bauen die Angst vor dem nächsten Schritt ab. Rituale sind symbolische Handlungen, die Vertrautheit vermitteln. Rituale haben heilende Kraft.

Gesundheit und Ethik bringen Erfüllung

Einem Gesunden kann man Gesundheit schlecht verkaufen, er hat sie schon. Daher reden alle lieber von Krankheiten und das Gesundheitsthema wird weitgehend ausgeklammert. Krankheit ist kostbar, ja sogar ein berechenbarer Faktor, sie wird honoriert durch Krankengeld, durch Arbeitsbefreiung, durch Unfallrenten etc. Gesundheit steht im Abseits, nimmt eine regelrechte Außenseiterposition ein, es gibt keine Lobby für Gesunde – weder in der Politik noch in Wirtschaft und Gesellschaft – oder ist sie jetzt, im Zeitalter leerer Kassen, langsam im Kommen?

Dabei könnten alle davon profitieren: Je gesünder Menschen leben, umso glücklicher und auch erfolgreicher sind sie, denn mit steigender Gesundheit nimmt auch die Arbeitsproduktivität zu. In Skandinavien beispielsweise hat man bereits erkannt, dass neben Gesundheit auch der persönliche Gewinn des Einzelnen sowie die Produktivität der Wirtschaft nachhaltig gesteigert werden können (wie es aus der neuesten Nord-Karelien-Studie hervorgeht).

Erfüllung und Wohlstand durch Gesundheit ist aber nicht nur ein körperlicher Prozess, integriert sind ebenso Geist, Seele sowie das soziale Umfeld. Von der Verbesserung der Gesundheit kann die gesamte Gesellschaft profitieren, denn nach Überwindung der aktuellen Rezession ziehen alle Prognosen die Ablösung des bisherigen Informations- und Computerzeitalters durch eine neue Gesundheitsepoche ins Kalkül. Nach den fünf langen Konjunkturwellen des Kontradieff-Zyklus wird im nächsten, also sechsten Zyklus von der körperlichen und psychosozialen Gesundheit ein neuer Wirtschaftsboom ausgehen, denn auch ein noch so schneller Computer heilt keine Gebrechen und baut auch kein vermehrtes Selbstwertgefühl auf.

Gesundheit ist ein ganzheitlicher Prozess, in dem neben dem Eigenmanagement auch der positive Umgang mit anderen Menschen und der Umwelt von Bedeutung ist. Ein sinnvolles Leben hat durchaus etwas mit Moral, Fairness, Ehrlichkeit zu tun, sei es beim Umgang mit den Familienangehörigen, mit Kollegen, Kunden, Patienten oder sei es im Dialog zwischen Arbeitenden und Arbeitslosen, im Umgang zwischen Jung und Alt.

»Handle so, dass die Maxime deines Willens jederzeit als Prinzip einer allgemeinen Gesetzgebung gelten könnte«, lautet das Postulat des Königsberger Philosophen I. Kant.

Aktuell jedoch wird in allen Branchen manipuliert, geschönt, betrogen, vertuscht. Auf höchstem Niveau spielt man das Spiel der Schuldenumverteilung. »Cosi fan tutte« – so machen es alle und als Außenseiter würde man sogar als lebensuntüchtig eingestuft werden, wenn man das Spiel mit diesen »gezinkten Karten« nicht mitmacht. Einer kopiert das Negative vom anderen und wenn schon Politiker dienstliche Flugmeilen privat nutzen, so sagt sich der »kleine Mann« auf der Straße: »Ich bin doch nicht blöd«, und schönt seine Fahrtkostenabrechnung ebenfalls nach eigenem Gutdünken. Nach AOK-Recherchen rechnet jeder 5. Arzt bewusst falsch ab, Zahnärzte bereichern sich an Laborkosten und Manager genehmigen sich hohe Gelder.

Doch alles, was sich ins Extrem hochschraubt, erfährt auch irgendwann das Gegenteil. Und so lässt sich schon jetzt in leisen Tönen wahrnehmen, dass sowohl bei Einzelnen als auch in verschiedenen gesellschaftlichen Gruppierungen (und fortschrittlichen Unternehmen) Moral und Ethik wieder neu gefragt sind: Diese Werte fließen auch in das Thema Gesundheit mit ein. Sie basieren auf einem eigenverantwortlichen Gesundheitsmanagement, einer neuen Form sozialer Fairness im mitmenschlichen Umgang und im aufbauenden Miteinander mit der Natur. Wirtschaft, Gesundheit und Moral schließen also einander nicht aus – im Gegenteil, sie ergänzen sich, ja sie sind regelrecht aufeinander angewiesen, wenn das Leben wieder lebenswert werden und sinnvolles Handeln den Alltag bestimmen soll. Die Zukunft beginnt heute. Und jeder für sich trägt dazu bei.

Glück ist machbar

Stress abwerten

Was ich nicht weiß, macht mich nicht heiß. In keinem Falle Stress überbewerten und nicht ständig verbal betonen. Den negativen Begriff Stress gegen das positive Wort *Swing* austauschen.

Gelassenheit durch repetitive Meditation

Entschleunigung statt ständige Beschleunigung anstreben.

Schöpferische Pausen gestalten durch repetitives Meditationstraining.

Ausdauertraining setzt Glückshormone frei

Täglich über 30 Minuten das rechte und linke Bein im Ausdauerbereich bewegen.

Stress ausatmen und bewusst die Landschaft sehen, hören, riechen – ganzheitlich positiv erleben. Laufen *mit* allen Sinnen, und nicht wie von Sinnen.

Humor ist, wenn man trotzdem lacht

Lachen ist gesund. Das repetitive Ha-Ha-Ha geht steuernd vom Zwerchfell aus und setzt auf diese Weise den entspannenden Parasympathikus in Gang.

Richtig essen macht glücklich
Glück geht bekanntlich durch den Magen. Zu einem guten Essen sollte man sich Zeit nehmen. Genießen Sie mit Muße und bewegen Sie jeden Bissen ausgiebig im Mund. Nutzen Sie bewusst eine gute Tasse Kaffee als Turbo. Tee kann man sogar zelebrieren. Erleben Sie das Hochgefühl, wenn Sie ein dünnes Schokoladenplättchen mit heißem Tee auf der Zunge zergehen lassen.

Aktiv erleben statt passiv konsumieren
Destruktive Passivität wie zum Beispiel unkontrollierten Fernsehkonsum vermeiden. Belebende Aktivität ohne Hyperaktionismus suchen. Musikgesteuertes Swingjogging trägt zur Neubildung des Wohlfühlhormons Endorphin bei.

Geselligkeit pflegen und genießen
Einsame Menschen sind nicht nur traurig, sie sind auch gesundheitsgefährdet. Der Mensch als Gemeinschaftswesen braucht Freunde, denn Glück kann nur der voll auskosten, der es auch mit anderen teilen kann.

Nicht nach dem Warum, sondern nach dem Wozu fragen
Das Leben besteht nicht nur aus Sonnentagen, nach dem hellen Tag folgt die dunkle Nacht. Auch Krisen haben einen Sinn. Kontrolliertes Chaos als Chance im Leben nutzen. Lösungsorientiertes Handeln in den Vordergrund stellen. Nicht an den Problemen der Vergangenheit festhängen, sondern vielmehr neue und positive Erlebnisse suchen.

Stress positiv sehen und akzeptieren
Protestiere niemals gegen Stress, den du nicht verhindern kannst, sondern akzeptiere ihn, mach das Beste aus den negativen Umständen und versuche, sie mit allen Möglichkeiten zu überwinden.

Den bewussten Augenblick gestalten

Volles Aufgehen im Denken und Tun gelingt durch die bewusste Achtsamkeit des Augenblicks. Beachte bewusst die guten und schönen Dinge des Lebens. Denke nicht schon heute an morgen und übermorgen. Vergeude keine negativen Gedanken über die nahe und ferne Zukunft. Über die volle Hingabe im Tun und Handeln verliert die Zeit ihre begrenzende Wirkung. Mit den *Anti-Stress-Ritualen* können wir jederzeit entspannt durchatmen und neue Kraft tanken.

Carpe diem – genieße den Tag

Kontakt

Prof. Dr. med. Gerd Schnack ist Chirurg, Präventiv- und Sportmediziner; Dozent für Musikmedizin an der Hochschule für Musik und Theater, Hamburg; Präsident der Deutschen Gesellschaft für Präventivmedizin und Präventionsmanagement e.V.; Autor zahlreicher Sach- und Fachbücher im Bereich der Prävention; gefragter Referent und Seminarleiter im In- und Ausland.

Dr. med. Kirsten Schnack ist Präventiv- und Ernährungsmedizinerin; Leiterin des Allensbacher Präventionszentrums am Bodensee sowie Geschäftsführerin der Deutschen Gesellschaft für Präventivmedizin und Präventionsmanagement e.V.

ANTI-STRESS-RITUALE

Wellness-Aktiv-Wochenenden und Coachings als Erlebnisseminare mit den Autoren finden bereits in der Schweiz ab 2004 in folgenden Urlaubsregionen statt: Flims/Laax/Falera – Engelberg – Saas Fee – Säntis/Appenzell – Pontresina – Gstaad.

Kontaktadresse: Allensbacher Präventionszentrum
Hirschweg 15, 78476 Allensbach
Tel.: 07533/93 52 22, Fax: 097533/93 52 23
E-Mail: kirstenschnack@hotmail.com
www.praeventionszentrum.com